渡邉五郎三郎

西郷南洲手抄言志録を読む

人間的器量の磨き方

致知出版社

はじめに

『西郷南洲手抄言志録』との出会い

私がその生き方に憧れ、到底真似などできないけれども、あのような生き方を貫いてゆきたい、と切に思う人物、それが西郷南洲《なんしゅう》（隆盛）です。

福岡県久留米市の旧有馬藩の士族の家に生まれた私は、幼い頃から武士の子としての自覚と言動を求められました。父が、国家主義運動の草分け的存在で、南洲の精神を継承するといわれる玄洋社の頭山満《とうやまみつる》翁と親交があった関係で、我が家では南洲敬慕の雰囲気に満ち、南洲の「児孫《じそん》の為に美田を買わず」というのは、我が家の家訓でもありました。

父親からは折に触れ、「幾たびか辛酸《しんさん》を歴《へ》て志始めて堅し」などの南洲の言葉を交えながら、「学校の成績よりも人間をつくれ」「人に信頼されないような人間では駄目だ」といったことを繰り返し言い聞かせられてきました。小学生の頃から「男として天地に恥じるような言動はしない」「食事については男は口を挟まない」「難易の二つの道があれば、難事を選ぶ」が求められました。

このように、私は西郷南洲の精神に幼い頃から触れ、大きな影響を受けて育ちました。

また、中学生の時に頭山翁の講評された『大西郷遺訓』を初めて読んで大変感銘を受け、以来、『南洲翁遺訓』が、『論語』や吉田松陰の『士規七則《しきしちそく》』とともに座右の書となり、繰り返し味読し、私の言動を律してきたのです。

中学三年生の時に父が亡くなり、地元の名士でありながら個人的な財産をほとんど残さなかったため、一家は貧しい生活を強いられました。私がそうした逆境に挫《くじ》けず、誇りを失わずに生きてこられたのは、南洲の教えが心の支えになっていたからに他なりません。

戦後、安岡正篤《まさひろ》先生に師事するようになってから、高弟で日本農士学校の校長であった菅原兵治先生の『言志四録味講《げんししろくみこう》』、同じく学校教育で有名だった越川春樹先生の『人間学言志録』を熟読するに及んで、幕末の大儒・佐藤一斎の著した、真に「倫理学」といわれる儒教の具体的判断・実践の書としての『言志四録』に魅了され、私の第四の座右の書として親読するようになりました。

『西郷南洲手抄言志録《しゅしょうげんしろく》』は、この『言志四録』から南洲が特に心に響く言葉を選び出したものです。

この『西郷南洲手抄言志録』については、川上正光氏全訳注の『言志四録』より抄出して学んだのですが、当初、『南洲翁遺訓』の多彩な内容に比べて、地味で、物足りない気がしたものです。

しかし、その後、南洲翁が『言志四録』に触れた時期やその環境、翁の心境等を理解するに及んで、かえって親しく感ずるようになりました。

西郷南洲と佐藤一斎

ここで、南洲と一斎の関係・環境等について調べてみましょう。

佐藤一斎が生まれたのは、安永元年（一七七二年）十月二十日、西郷南洲が生まれたのは、文政十年（一八二七年）十二月七日で、五十五年の差があり、年齢的には祖父と孫の関係でした。

南洲が主君斉彬《なりあきら》に見出されて、側近のお庭番として出府したのが、安政元年（一八五四年）、二十八歳の時で、それから斉彬急逝の安政五年三十二歳までの間が、斉彬に教育指導されながら各界・各藩の人々と交流して、「薩摩に西郷あり」と注目されるようになった期間ですが、その間に、当時幕府学界の中心人

物で、弟子三千と言われた佐藤一斎と会ったという形跡は残っていません。南洲の記録にも、

「吾、先輩としては藤田東湖《とうこ》に服し、同斉としては橋本左内を推す。二十の才学器識、あに我輩の企て及ぶ所あらんや」

とあるように、もし会っていれば、南洲の使命感・立場から言って、記録に残らないはずはないでしょう。

そのような経緯からいって、南洲と一斎または『言志四録』との接触は、二度目の遠島（沖永良部島《おきのえらぶじま》）の際に携行した八百冊の書籍の中に、『季中定公奏議』『陳竜川文鈔』『伝習録』とともに『言志四録』の名があるので、その時が初めてだったと考えていいのではないかと思います。そして、『西郷南洲手抄言志録』が編まれたのも、おそらくこの遠島の間ではないかと私は考えています。

とすれば、その時の南洲のおかれた環境・心境を考えなければなりません。

記録によると、流刑の船中にあっても、島における過酷な入牢生活の中でも、南洲は担当役人の好意ある処遇を断って、厳しく自戒服役していたようです。南洲の性格・勉学態度からいって、その立場を逸したような言動は一切なかったと思われますし、『中庸』に「其《そ》の位《くらい》に素して行い、其の外を願わず」とあるように、四人としての立場で考え、身を律してきたはずです。

こう考えてくれれば、自戒に徹しようとする南洲の思考・判断の立場から『西郷南洲手抄言志録』を見るべきだと思うのです。

沖永良部島の吹きさらしの牢での日々は過酷を極め、南洲は骨と皮ばかりにやせ衰えますが、見かねた役人の一人・土持政照《つちもちまさてる》の働きで座敷牢へ移されます。座敷牢では謹慎の姿勢を崩すことなくひたすら読書に励み、内省を深めました。

その書物の中に『言志四録』もあったのです。

『言志四録』は一斎が四十年もの歳月をかけて著した畢生《ひっせい》の名語録であり、南洲は同書をほとんど暗誦するまで繰り返し熟読して百一の言葉を選び出したのでした。こうして『西郷南洲手抄言志録』が生まれたのです。

また、『南洲翁遺訓』のほうは、戊辰の役で降伏した庄内藩に対して、南洲が温情溢れる処置をし、それに感激した庄内藩の家老菅実秀をはじめ、明治二年から明治八年にわたって薩摩藩に留学した藩士達の記憶等をまとめたものです。当時の南洲は、明治維新第一の功労者として日本の陸軍総司令官、近衛都督、最有力閣僚等の要職を務め、国政全般にも深く関与・考察を重ねた後のことであることを考慮すべきでしょう。

さて、佐藤一斎の『言志四録』は、『言志録』『言志後録』『言志晩録』『言志耋録《てつろく》』の四冊をまとめての呼称で、その執筆期間や、著者年齢、内容条数と『西郷南洲手抄言志録』での抄出条数等は次の通りです。


『言志録』 一斎四十二歳（一八一三年）から十一年間の執筆、刊行は一八三四年、抄出は二四六条中二十八条。

『言志後録』 一斎五十七歳（一八二八年）から十年間の執筆、刊行は晩録と一緒に一八五〇年、抄出は二五五条中二十条。

『言志晩録』 一斎六十七歳（一八三八年）から十二年間の執筆、刊行は前記の通り一八五〇年、抄出は二九二条中二十九条。

『言志耋録』 一斎八十歳（一八五一年）から二年間の執筆、刊行は一八五三年、抄出は三百四十条中二十四条。

『西郷南洲手抄言志録』で選ばれている言葉からは、『南洲翁遺訓』で語られている内容と異なり、風雲急を告げる国情の中で一人獄に繋がれた己を深く見つめ、懸命に鼓舞しようとする南洲の思いが伝わってきます。ゆえにいかに学びを深め、自分を磨き上げていくか、そうした問いかけに答えてくれる言葉に溢れているのです。

本書では、人間の器量を養う上で糧《かて》となる『西郷南洲手抄言志録』の言葉を紹介します。

「西郷南洲手抄言志録」を読む――目次

はじめに　1

第一章　言志録

天に生かされている　24
心を奮い立たせる　26
大所高所に注意して進む　28
後世どう思われるかを考えよ　31
教育について　34
志を持つ者は独立自信を貴ぶ　36
道義に生きる自分と私欲を持つ身体　39

至誠は自然に生まれる　40
道義に基づいて行動する　41
健康が聖人・賢人の条件　43
慌てず好機を待つ　46
死を恐れず、死を悩まない　48
聖人と賢人の違い　50
聖賢に阿《おもね》らぬ　53
人の本性は、常に死生の外にある　56
生前の本性に復る　60
歴史の見方　62
賢明であるということは　64
信用されることの難しさ　65

平日の信用　67
上下の人の信用　68
夢で誠を知る　69
敬と誠とは　70
忠孝の両立　73
民を理解して戦いに勝つ　75
注意すべき秘訣　77
悪徳者が見せる匿情、柔媚、剛愎　79
過不足をなくすこと　81

第二章
言志後録

孔子の志をもって自分の志とする　86
天道に則る　89
一所懸命になっている時の心　92
教えのやり方　95
志をしっかり立てる　98
公欲と私欲　100
大自然の動きに逆らわないこと　102
思うということは　105

忠恕の心 107
実践すること 108
学問とは何か 110
智謀によるものは変わり易い 112
聖賢の道に近づくか堕落するかは自分次第 113
反省すれば心は良心を欺かない 115
「誠」と「敬」 118
「和」と「介」とは何か 120
道理は分かっていても…… 121
知と行の働き 123
心眼を開いて道理を読む 125
読書の際の心構え 128

第三章

言志晩録

学問には「心」、政治には「情」 132
孔子の行いと一般の人 134
一燈の明るさを頼りに前へ進め 137
倫理と道理 139
正気となるには 141
理と気 143
公平であること 146
妄想を去り、心の本体を守る 149

引き受けたら徹底的に解決すべし　152
『論語』等を講義する時の心得　154
『易経』『詩経』『書経』とは　157
虚心坦懐に聴く　158
納得出来るまで考え、実践の根拠を探す　160
自分の心で読む　162
人は大地から生まれたすぐれた気である　164
準備の大切さ　166
すぐれた気象があって良い仕事が出来る　168
心の学問の在り方　170
無我の境地、物欲の念のないこと　174
無我の状態　176

和の大切さ　178
大臣は公明正大でなければならない　180
最上の果断とは　182
政治家にとっての人情と事理　184
慎独の工夫と応酬の工夫　186
本心を失った状態とは　188
予期しない事柄は天意である　190
人が貴ぶ人柄とは　192
地に従い、天に事える　193

第四章

言志耋《てつ》録

志を立てて学問を始める 196
真の自分をもって仮の自分に克つ 198
天地の気象 200
心とは 203
道心と人心の違い 206
太陽の明るさが分かるのは自分自身にある 208
誠はすべての根源である 210
終始誠意をもって修養に努める 213

胸中が快ければ困難を処理できる 214
気を先導させれば、すべての挙動に失敗はない 216
霊光にさえぎるものがなければ、気が身体中を流れる 219
英気がない人間は平凡な人間 221
忙しい時、苦しい時の心の持ち方 223
終わりを考えて仕事に手をつけよ 224
大人になって物事の判断に迷わないために 226
貧賤に安んじて道を行う 228
俗事を侮り、さげすんではいけない 230
遊び怠ける人を見て、余裕があると見てはいけない 232
人生を明るくするには 234
文と武は共に必要 236

すべて情に帰着する　238
正しい道を進まず林や草むらに入ってしまう　240
智仁勇の大切さ　242
心や道理には老少はない　245

おわりに　250

装　幀――川上成夫
写　真――国立国会図書館蔵
編集協力――柏木孝之
　　　　　坂本俊夫

第一章

言志録

天に生かされている

凡《およ》そ事を作《な》すには、須《すべか》らく天に事《つか》うるの心有るを要《よう》すべし。人に示《しめ》すの念《ねん》有るを要せず。（第三条）

すべて事業や行動を起こすには、天（大自然・神・仏）に生かされていることを考え、それに感謝し、敬《うやま》う気持ちを忘れてはならない。同じ立場の人に誇示する気持ちがあってはならない。

○解説

「敬天愛人」の言葉で知られるように、敬天は西郷南洲の精神・思考の原点であり、「人を相手にせず、天を相手にせよ」という思考・態度がその基本です。幼い頃から、「お天道様《てんとう》が見ておられる」、「お天道様のお蔭」という感謝の考え方、「生かされている身の有難さを知る」ことが、人間の生き方の根本であることを、南洲は身につけていたのでしょう。

大内青巒《せいらん》居士（明治・大正時代）が

ありがたい
もったいない
おきのどく（おもいやり）

この三つで、仏の教えはすべて尽くされていると喝破されたと伝えられていますが、日本人は幼い時から、お日様を仰ぎながら、天に生かされているということを、親から子へと教え伝えられてきたのです。

〈参考〉

＊「人を相手にせず、天を相手にせよ。天を相手にして己《おの》れを尽くして人を咎《とが》めず、我が誠の足らざるを尋ぬべし」（『南洲翁遺訓』）

＊「道は天地自然の道なるゆえ、講学の道は敬天愛人を目的とし、身を修するに克己を以《もっ》て終始せよ。己れに克《か》つの極功《きょくこう》は『意《い》毋《な》し、必《ひっ》毋し、固《こ》毋し、我《が》毋し』と云えり」（『南洲翁遺訓』）

＊「音もなく香《か》もなく常に天地《あめつち》は書《か》かざる経《きょう》をくりかえしつつ」（二宮尊徳）

心を奮い立たせる

憤《ふん》の一字は、是《こ》れ進学の機関なり。舜《しゅん》何人《なんぴと》ぞや、予《われ》何人ぞやとは、方《まさ》に是れ憤なり。（第五条）

心を奮い起《た》たせる憤の気持ちは、学問に向かう時の一番大切な心構えである。『孟子』にある顔回《がんかい》の「聖天子と言われた舜も自分と同じ人間ではないか。それを目指し努力して出来ないことがあろうか」という気持ちこそ、憤ということである。

○解説

南洲は、「同輩で尊敬するのは橋本左内である」と言って、鹿児島の城山で一生を終えるまで、左内からの手紙を身につけていたと言われています。その橋本左内が、十五歳の時に自戒の為に作ったといわれる『啓発録』の中に、「気を振え」の一項がありますが、これが「憤」であると思います。

〈参考〉

＊「一、稚心《ちしん》を去る。二、気《き》を振《ふる》う。三、志を立てる。四、学を勉《つと》める。五、交友を択《えら》ぶ。

以上五目《もく》は少年学《がく》に入るの門戸とこころえ書き聯《つら》ね申し候者也」（橋本左内『啓発録』）

大所高所に注意して進む

著《ちゃく》眼《がん》高ければ、則ち理《り》を見て岐《き》せず。（八十八条）

物事を考え実行する時に、根本的な大所高所に注意して進めば、道理がはっきり見えて迷うことはない。

○解説

私は、安岡正篤先生からの五十数年にわたる訓《おしえ》を、「学」、「一燈照隅」、「無名有力」の三つに絞って捉《とら》え、その三つによって生きていきたいと思っていますが、「無名有力」については、『呻吟語《しんぎん》』の「寛厚深沈・達識兼照、福を無形に造《な》し、禍《か》を未然に消し、智名勇功無くして、天下陰《いん》に其の賜を受く」（呂新吾）を目標に実践に努めています。

『論語』にある「孟之反《もうしはん》」のような記録に出逢うと尊敬する先輩に会ったような気になります。

金と名誉は、人欲として誰にもあるものです。それに捉《とら》われている限り、道に生きるという生き方から外《はず》れてゆくのです。しかし、周都《しゅうと》に学んだ孔子に老子が諭したといわれている「子《し》の驕気《きょうき》と多欲《たよく》と態色《たいしょく》と淫志《いんし》を去れ。是れ皆子の身に益無し」という言葉は、道を志す者にとって欠かせない戒《いましめ》であると思います。

〈参考〉

＊「学に志す者、規模を宏大《こうだい》にせずば有るべからず。さりとて唯此《ただこ》こにのみ偏倚《へんい》すれば、

或は身を修《しゅう》するに疎《おろそか》に成り行くゆえ、終始《しゅうし》己れに克《か》ちて身を修する也《なり》。規模を宏大にして己れに克ち、男子は人を容《い》れ、人に容れられては済《す》まぬものと思えよと、古語を書いて授けらる。

其ノ志気ヲ恢宏《かいこう》スル者、人ノ患《うれい》ハ、自私自吝《じしじりん》、卑俗《ひぞく》ニ安ンジテ、古人ヲ以《もっ》テ自ラ期セザルヨリ大ナルハ莫《な》シ。

古人を期するの意と請問せしに、堯舜《ぎょうしゅん》を以て手本とし、孔夫子《こうふうし》を教師とせよとぞ」

（『南洲翁遺訓』）

＊「ものの見方について

一、目先だけで見ず、長い目で見よ。

二、一面的に見ず、多面的・全面的に見よ。

三、枝葉末節に捉われずに、根本的に見よ」（安岡正篤）

後世どう思われるかを考えよ

当今の毀誉《きよ》は懼《おそ》るるに足らず。後世の毀誉は懼る可《べ》し。一身《しん》の得喪《とくそう》は慮《おもんぱか》るに足らず。子孫の得喪は慮る可し。（第八十九条）

自分の言行に対する現世での褒《ほ》め言葉や悪口は気にする必要はない。

それよりも後世になってどう思われるかということは、充分に考えるべきである。自分に対する利害批判は、責任をもって受けるべきであるが、その事が子孫に対してどう影響するかについては、充分考えるべきである。

○解説

勝海舟については、その江戸っ子らしい軽口と、維新後の身分について批判がありますが、本人は「批評は他人の主張、行蔵《こうぞう》は吾に存す」と言って動じなかったと伝えられています。一角《ひとかど》の人物と言えるでしょう。

対照的に挙げられるのが、高橋泥舟《でいしゅう》です。実際には、慶喜《よしのぶ》将軍の身辺を守り、江戸無血入城を、義弟山岡鉄舟《やまおかてっしゅう》を使って成功させながら、維新後も慶喜を守って顕職につかず、一生を市井に埋めて、義を貫いたその生き方は、心ある人々の崇敬の的となっていますが、時代が変わり、価値観が変わったと言われる今日でも、敬慕する人は跡を絶ちません。安岡先生も、その代表的著書『日本精神の研究』の中で一章を設け、「国士の風」の中で泥舟を挙げておられます。

〈参考〉

＊「偉い人とは、どういう人ですか」という桐野利秋《きりのとしあき》の質問に対して、南洲は、「偉い人

とは現世では後《うしろ》から拝《おが》まれる人、死んでからは慕われる人だ」と答えたという。

＊「道を行う者は、天下挙《こぞっ》て毀《そし》るも足らざるとせず、天下挙て誉《ほ》むるも足れりとせざるは、自ら信ずるの厚きが故也《ゆえなり》。其の工夫は、韓文公《かんぶんこう》が伯夷《はくい》の頌《しょう》を熟読して会得《えとく》せよ」（『南洲翁遺訓』）

＊「『純真』
如何《いか》に見えるかよりも
如何にあるかを心配する
如何に見せるかよりも
如何に歩《あゆ》むかにこころする
眼前のボロを隠すよりも
溢れる真実で相手を包む
そういう女性を懐《なつ》かしむ」（安積得也）

教育について

性は同じゅうして質《しつ》は異《こと》なり。質の異なるは教《おしえ》の由《よ》って設《もう》くる所なり。性の同じきは、教の由って立つ所なり。（第九十九条）

儒学では、人の本性は同一であるが、気質は一人一人違うと言って、そこが教育の必要な理由であり、その本性が同じであるところが、等《ひと》しく教育して効果をあげることが出来る基であると言っている。

○解説

私は、教育ということになると、細井平洲《へいしゅう》を思わずにはいられません。名君として名高い上杉鷹山の師として有名な人ですが、『嚶鳴館遺草《おうめいかんいそう》』の中に、現代、忘れられている教育の姿勢が説かれています。

「すべて人を教え育てる時に心懸けることは、菊作りの専門家が菊を作る時のようではなくて、百姓が菜大根を作る時のように育てることであります。菊を育てることの好きな人が、菊を作る時には、花の形・姿が美事《みごと》に揃ったものを作ろうとして多くの枝を取り除き、多くの蕾《つぼみ》を取り捨て、伸びようとする枝を抑えて、自分の好《この》み通りに咲かない花は、花壇の中に一本もないようにします。百姓が菜大根を作る時には、一本一株も大切に育て、その畑の中には、よく出来たものもあり、よくないものもあっても大事に育てて、見栄《みば》えの良くない、不揃いなものも食用に出来るように育てます。

この二つの育て方を知っておかねばなりません。人の才能は一様なものではありませんので、それぞれに特徴があり、取柄《とりえ》があって、それを自分の思い通りの型にはめてしまおうというような頑固なことでは、教えられる人もたまったものではありません。知愚才不才、それぞれの能力相応に育てて世の中に役に立つ人間に育てることが出来れば宜しいのであって、そのような心構えがない、了見《りようけん》のせまい人は、先生として教育に当てさせることは、よくないと存じます」

〈参考〉

＊「性相《せいあい》近し、習《ならい》相遠《とお》し」（『論語』）

志を持つ者は独立自信を貴ぶ

士は独立《どくりつ》自信《じしん》を貴《たつと》ぶ。熱《ねつ》に依《よ》り炎《ほのお》に附《つ》くの念起《おこ》すべからず。（第百二十一条）

志を持つ大丈夫たる者は、他に頼らず、自分に責任を持ち、自信を持って行動することを貴《たっと》ぶものであって、権力者に媚《こ》びたり、富貴の者に付き従うような考えを起こしたりしてはならない。

○解説

我が国の先人には、このように自らを鍛えて、使命を達成しようとされた方が沢山《たくさん》おられました。

そのために、苦難を營《な》めることを当然の事と考え、その苦難を乗り越えようとされたのです。

南洲が囚房の苦境にあって、此の条を抄出された気持ち、志に対して自ら励まされた気持ちが分かるように思われます。

〈参考〉

＊「富貴《ふうき》も淫《いん》する能《あた》わず。貧賤《ひんせん》も移す能わず。威武《いぶ》も屈《くつ》する能《あた》わず。此《こ》れを之《こ》れ大丈夫《だいじょうぶ》と謂《い》う」（『孟子』）

憂《う》きことの　なお此の上に積《つ》もれかし
　限《かぎ》りある身の力試《ため》さん

熊沢蕃山

かくすれば　かくなるものと知りながら
　やむにやまれぬ大和魂

吉田松陰

道義に生きる自分と私欲を持つ身体

本然《ほんぜん》の真己《しんこ》有り。軀殻《くかく》の仮己《かこ》有り。須《すべか》らく自《みずか》ら認《みと》め得んことを要すべし。（第百二十二条）

大宇宙から与えられている道義に基づいて生きる本当の自分があり、一方で、私欲を持つ身体の仮の自己があるが、このように二つの面があることを自ら認めて、独りを慎んでいかなければならない。

〈参考〉

＊「至誠《しせい》の域《いき》は、先《ま》ず慎独《しんどく》より手を下すべし。閑居即《かんきよすなわち》慎独の場所なり。小人は此処《ここ》万悪

の淵藪《えんそう》なれば、放肆《ほうし》柔惰《じゅうだ》の念慮《ねんりょ》起さざるを慎独とは云《い》うなり。是《これ》善悪の分るる処なり、心を用《もち》うべし。古人云う、『静《せい》ヲ主《しゅ》トシ、人極《じんきょく》ヲ立ツ』。是其《その》至誠の地位なり、慎まざるべけんや、人極を立てざるべけんや」（『南洲翁遺訓』）

＊「東洋人物学における第一のテーマは、その失われたる自己をいかに取戻すかということ、本当の自己・真我《しんが》・本性《ほんせい》すなわち自分の本性というものを再び発見する、把握するということである」（安岡正篤）

至誠は自然に生まれる

雲烟《うんえん》は已《や》むを得ざるに聚《あつま》り、風雨は已むを得ざるに洩《も》れ、雷霆《らいてい》は已《や》むを得ざるに震《ふる》う。斯《ここ》に以て至誠《しせい》の作用を観《み》る可《べ》し。（第百二十四条）

雲は自然の成り行きで生まれ、集まり、風や雨も同じように自然の成り行きで吹いたり、降ったりし、雷も同様に轟《とどろ》きわたるのである。この自然界の働きと同様に、人の至誠というものも、諸条件の中で自然に生まれ、周囲に影響を及ぼすものである。

〈参考〉
＊「至誠にして動かさざる者は、未《いま》だ之《こ》れあらざるなり」（『孟子』）
＊第百二十一条の吉田松陰の歌も参照。

道義に基づいて行動する

已《や》む可《べ》からざるの勢《いきおい》に動《うご》けば、則ち動いて括《くく》られず。枉《ま》ぐ可《べ》からざる

の途《みち》を履《ふ》めば、則ち履《ふ》んで危《あやう》からず。（第百二十五条）

前条のように、自然に動かざるを得ない状況によって動けば、行き詰まることはないし、曲げることの出来ない道義に基づいて行動すれば、決して危険なことはない。

○解説

「儒教」の根本思考としてこの言葉を聞いた時、目の前が明るくなったような思い出があります。安岡先生は次のように言っておられます。

「儒教というものは、どこまでも人間というもの、時代というものに徹していこうという。これを避けたり、これを超えたりはしない。あるいは単にこれを批判したりするものではない。どこまでも人間と現実に徹して、これを改めてゆこうとして、それが出来ようが出来まいが、必ずしもその報いとか成功を求めない、功徳《くどく》を求めない。良心・真理・道に徹していこう、どこまでも現実を重んじ、実践に徹してゆこうというのが、その真面目《しんめんぼく》である」

〈参考〉

＊「智慧《ちえ》ありと雖《いえど》も、勢《いきお》い乗ずるに如《し》かず」（『孟子』）

＊「勇は必ず養う処あるべし。孟子云わずや、浩然の気を養うと。此気《このき》養わずんばあるべからず」（『南洲翁遺訓』）

健康が聖人・賢人の条件

聖人《せいじん》は強健《きようけん》にして病無《やまいな》き人の如《ごと》く、賢人《けんじん》は摂生《せつせい》して病を慎《つつし》む人の如く、常人《じようじん》は虚羸《きよるい》にして病多き人の如し。（第百二十七条）

聖人と言われる人は力強く健康で、病気でない人のようであり、賢人と言われる人は自ら健康に注意して、病気にかからない人のようであり、そうでない一般の人は、体が弱く、よく病気にかかる人のようである。

○解説

私は、経営に関する人の会合で話をする時には、必ず健康問題を取り上げることにしています。健康とは病気ではないということではありません。何が起きても、すぐに積極的に応じることが出来る心身の状態を言うのです。

どのように高い志を持っていても、それを実現するためには、健康は欠くことの出来ない要件で、例えば歯が痛くても、腰痛があっても、指先の小さな怪我であっても、それを克服して積極的に物事を処理することは、凡人にとっては至難のことです。実際に健康でないと、「陽転の発想」の基盤である明朗性、何事にも立ち向かう積極性、人間関係の基調である他に対する思いやり、公正に判断出来る余裕は出て来ないものなのです。

経営の責任者になると、その立場上、無理をしがちですが、度を過ぎると病気になって、対応が不可能になり、経営を不可能にすることになり、その為に死亡でもすれば、会社を傾かせることにもなってしまうのです。健康維持は経営者の重要な仕事だということです。

〈参考〉

＊「今の人、才識有れば事業は心次第に成さるるものと思え共、才に任せて為す事は、危《あやう》くして見て居られぬものぞ。体有りてこそ用は行《おこな》わるるなり。肥後の長岡先生の如《ごと》き君子は、今は似たる人をも見ることならぬ様になりたりとて嘆息なされ、古語を書いて授けらる。

夫《そ》レ天下誠《まこと》ニ非ザレバ動《うご》カズ。才《さい》ニ非ザレバ治《おさ》マラズ。誠ノ至ル者ハ其ノ動クヤ速《はや》シ。才ノ周《あまね》キ者ハ其ノ治ムルヤ広シ。才ト誠ト合シ、然《しか》ル後、事ヲ成ス可《べ》シ」（『南洲翁遺訓』）

慌てず好機を待つ

急迫《きゅうはく》は事を敗《やぶ》り、寧耐《ねいたい》は事を成《な》す。（第百三十条）

差し迫った問題に慌《あわ》てて対応すると失敗することが多く、落ちついて忍耐強く好機の来るのを待っていれば、必ず成功する。

〈参考〉

＊「道を行う者は、固《もと》より困厄《こんやく》に逢うものなれば、如何《いか》なる艱難《かんなん》の地に立つとも、事の成否身の死生抔《など》に、少しも関係せぬもの也。事には上手下手有り、物には出来る人出来ざる人有るより、自然心を動かす人も有れ共、人は道を行うものゆえ、道を踏《ふ》むには上手下手も無く、出来ざる人も無し。故に只管《ひたす》ら道を行い道を楽しみ、若《も》し艱難に逢うて之を凌《しの》がんとならば、弥々《いよいよ》道を行い道を楽しむ可《べ》し。予《よ》壮年より艱難と云う艱難に罹《かか》りしゆえ、今はどんな事に出会う共、動揺は致すまじ、夫《そ》れだけは仕合せ也」（『南洲翁遺訓』）

＊「平日道を踏《ふ》まざる人は、事に臨みて狼狽《ろうばい》し、処分の出来ぬもの也《なり》。譬《たと》えば近隣に出火有らんに、平生《へいぜい》処分有る者は動揺《どうよう》せずして、取仕末《とりしまつ》も能く出来るなり。平日処分無き者は、唯狼狽して、中々《なかなか》取仕末どころでは之無きぞ。夫《そ》れも同じにて、平生道を踏み居る者に非ざれば、事に臨《のぞ》みて策は出来ぬもの也。予《よ》先年出陣の日、兵士に向い、我が備えの整不整を、唯味方《ただみかた》の目を以て見ず、敵の心になりて一つ衝いて見よ、夫れは第一の備《そなえ》

ぞと申せしとぞ」（『南洲翁遺訓』）

＊「変事俄《へんじにわか》に到来し、動揺せず、従容其《その》変に応ずるものは、事の起らざる今日に定まらずんばあるべからず。変起《へんおこ》らば、只それに応ずるのみなり。古人曰《いわ》く『大丈夫胸中灑々《しゃしゃ》落々《らくらく》。光風霽月《こうふうせいげつ》の如く、其の自然に任ず。何ぞ一毫《いちごう》の動心有らんや』と、是れ即ち標的なり、此《かく》の如き体のもの、何ぞ動揺すべきあらんや」（『南洲翁遺訓』）

死を恐れず、死を悩まない

聖人は死に安《やす》んじ、賢人《けんじん》は死を分《ぶん》とし、常人《じょうじん》は死を畏《おそ》る。（第百三十二条）

聖人と言われる人は、死は逃れることが出来ない人間の宿命と達観しているから、死を恐れることはないし、賢人は生きている者は必ず死を迎えるという道理をわきまえているから、死は、人間として避けることの出来ない終末として受けとめており、一般の人はただ死を畏れているだけである。

○解説

死は生きている者にとって未知の問題で、希望したからと言って、そう出来るわけではありません。ただ、日頃、道を志《こころざ》す者にとっては、みっともなくない最後でありたいと思います。それが出来る保証《ほしょう》がなければ、悩むだけ無駄だということであり、日頃の生き方、あり方を正しくして、感謝して一生を終わることが出来るように祈って毎日を過すこと以外にはないでしょう。

次の〈参考〉にある『南洲翁遺訓』の言葉も、あまり難しく考えるのでなく、その覚悟が出来る生き方に努めるということで良いのではないでしょうか。

〈参考〉

＊「命もいらず、名もいらず、官位も金もいらぬ人は、仕末《しまつ》に困るもの也《なり》。此の仕末に困る人ならでは、艱難《かんなん》を共にして国家の大業は成し得られぬなり。去れ共、个様《かよう》の人は、凡俗の眼には見得られぬぞと申さるるに付、孟子に、『天下の広居《こうきょ》に居り、天下の正位《せいい》に立ち、天下の大道《たいどう》を行う、志を得れば民と之に由り、志を得ざれば独り其の道を行う、富貴も淫《いん》すること能わず、貧賤《ひんせん》も移すこと能わず、威武《いぶ》も屈《くつ》すること能わず』と云いしは、今仰せられし如きの人物にやと問いしかば、いかにも其の通り、道に立ちたる人ならでは彼の気象は出ぬ也」（『南洲翁遺訓』）

聖人と賢人の違い

賢者は歿《ぼつ》するに臨《のぞ》み、理《り》の当《まさ》に然《しか》るべきを見て以て分《ぶん》と為《な》し、死を畏《おそ》

るることを恥《は》じて死に安んずることを希《ねが》う。故に神気《しんき》乱《みだ》れず。又遺訓《いくん》有り、以て聴《ちょう》を聳《そびや》かすに足る。而《しか》して其の聖人に及ばざるも、亦此《またここ》に在り。聖人は平生《へいぜい》の言動《げんどう》、一として訓《くん》に非ざる無くして、歿するに臨み、未《いま》だ必ずしも遺訓を為《な》さず。死生を視《み》ること、真《しん》に昼夜の如く、念《ねん》を著《つ》くる所無し。（第百三十三条）

賢人といわれる人は、死に臨んでも、避《さ》けることの出来ない人間の当然のあり方として受けとめ、死を畏れることは人として恥だと心得て心安らかに受止める。だから精神は乱れないし、残された教訓は傾聴に値《あたい》するものである。賢人が聖人に及ばないのも此の点であって、聖人は日頃の言動はすべて訓《おしえ》でないものはなく、だから死ぬ時に改めて訓を残すこともない。死生に対しては、日頃の昼夜のように受止めて、特に訓を残すこともないのである。

○解説

南洲翁は自分を聖人とも賢人とも思っておられなかったので、自分で遺訓など残していませんでした。写真や人物画も許されなかったのも、そのためであると伝えられています。

国会議員は、勤続年数が規定年を越えると写真を掲額することになっていますが、それを拒否する議員もあって、清風を起こしたものです。

『南洲翁遺訓』も、薩摩の人や、維新元勲達でなく、戊辰戦争で敵だった庄内藩の人々によって作られました。これによって私達は翁の徳望を知ることが出来るのです。

〈参考〉

＊第百三十二条の〈参考〉を参照。

聖賢に阿《おもね》らぬ

堯《ぎょう》・舜《しゅん》・文王《ぶんのう》、其の遺《のこ》す所の典謨訓誥《てんぼくんこう》は、皆《みな》以て万世《ばんせい》の法と為《な》す可《べ》し。何の遺命《いめい》か之に如《し》かん。成王《せいおう》の顧命《こめい》、曾子《そうし》の善言《ぜんげん》に至りては、賢人の分上《ぶんじょう》、自《おのずか》ら当《まさ》に此《か》くの如くなるべきのみ。因《よ》りて疑《うたが》う。孔子泰山《こうしたいざん》の歌、後人仮託《こうじんかたく》して之を為《な》すかを。擅弓《だんきゅう》の信じ叵《がた》きは、此の類多し。賢人を尊《うと》ばんと欲して、而《しか》も卻《かえ》って之が累を為すなり。（第百三十四条）

聖天子と言われた堯・舜や周の文王が書経に遺している教訓などは、皆《みな》万世にわたっての法則であって、すべて遺命として尊ぶべきものである。だから成王の臨終に当たっての命や、曽子が残した「鳥のまさに死なんとするや、その鳴くや哀《かな》し。人のまさに死なんとするや、その言や善し」というのは、賢人の立場からの訓で、聖人のものではない。だから、聖人と言われる孔子の、死の直前に作ったと言われる「泰山《たいざん》の歌」が残っているのは、おかしいと言わねばならない。これは後の人が孔子にかこつけて言ったもので、全く信じ難く、この類のものは他にも多く存在する。これは聖人を尊《たっと》ぼうとして、かえって汚すものと言わねばならない。

○解説

私は、次の〈参考〉にある『講孟箚記《さっき》』の論に初めて接した時、そのようなことを考えたことは一度もなかったので、改めて審読しましたが、いかにもその通りであり、これは国体・歴史成立の事情から起こったものと理解することにしました。松陰は、藤田東湖や水戸学に接して、その信念を固くしたと伝えられていますが、この「聖賢に阿《おもね》らぬ」ことは、勉学上重要なことだと思います。

安岡正篤先生のご著書の中で「是《かく》の如き人間至上の哲学的要求から観て、私はわが日本にこそ独《ひと》り民族各自の生活にとどまらず、国土自体、及び国家に就いて、到底《とうてい》他国に観ることの出来ない最高の理趣を自覚するのである」とあるのを見て、その内容を痛感するのです。

〈参考〉

＊「経書を読むの第一義は、聖賢に阿《おもね》らぬこと要《かなめ》なり。若《も》し少しにても阿ねる所あれば、道明《あき》らかならず。学ぶとも益なくして害あり。孔《こう》・孟生国《もうしょうごく》を離れて他国に事《つか》え給うこと、済まぬことなり。凡《およ》そ君と父とは其の義、一なり。我が君を愚《ぐ》なり昏《こん》なりとして、生国を去りて他に往《ゆ》き、君を求むるは、我が父を頑愚として家を出で隣家の翁を父とするに斉《ひと》し。孔・孟、此の義を失い給うこと、如何にも弁《べん》ずべき様なし」（『講孟箚記』吉田松

陰）

人の本性は、常に死生の外にある

生物は皆な死を畏《おそ》る。人は其の霊《れい》なり。当《まさ》に死を畏るるの中《うち》より、死を畏れざるの理《り》を揀《えら》び出《いだ》すべし。吾《われ》思う、我が身は天物《てんぶつ》なり。死生《しせい》の権《けん》は天に在り。当に順《したが》いて之を受くべし。我れの生《うま》るるや、自然にして生る。生るる時未《いま》だ嘗《かつ》て喜ぶを知らざるなり。則《すなわ》ち我の死するや、応《まさ》に亦《また》自然にして死し、死する時未《いま》だ嘗《かつ》て悲しむを知らざるべきなり。天之《これ》を生じて、天之《これ》を死せしむ。一に天に聴《まか》すのみ。吾れ何ぞ畏れむ。吾が性は即《すなわ》ち天なり。軀殻《くかく》は則《すなわ》ち天を蔵《ぞう》するの室なり。精気《せいき》の物と為《な》るや、天此《こ》の室《しつ》に寓《ぐう》せしめ、遊魂《ゆうこん》の変《へん》を為《な》すや、天此の室より離れし

む。死の後《のち》は即《すなわ》ち生の前《まえ》、生の前は即《すなわ》ち死の後《のち》にして、而《しか》して吾《わ》が性《せい》の性たる所以《ゆえん》の者は、恒《つね》に死生《しせい》の外《ほか》に在り。吾《わ》れ何《なん》ぞ焉《こ》れを畏《おそ》れむ。夫《そ》れ昼夜《ちゅうや》は一理《り》、幽明《ゆうめい》も一理、始《はじめ》を原《たず》ねて終《おわり》に反《かえ》り、死生の説《せつ》を知る。何ぞ其の易簡《いかん》にして明白なるや。吾人《ごじん》当《まさ》に此の理《り》を以て自《みずか》ら省《かえり》みるべし。（第百三十七条）

生きているものは、その終わりを告げる死を恐れる。万物の霊長と言われる人間も、当然死を畏れるわけであるが、死を畏れない理由を択《えら》び出して、安住することが大切であろう。私は次のように考えている。

自分は天の命を受けてこの世に生まれて来たものであって、その死生を司《つかさど》るのは天である。だから、天の意志によって生まれ、その生まれた時には、それを喜ぶことは知らない。また、死ぬ時にも、天の意志によって死ぬのであって、従順に従えばいいのである。悲しむことを知らなくていいのである。天が一人の生命を生み、また死なすのであって、天にまかすだけであり、悲しむことを知らないのが良く、畏《おそ》れる必要はないのである。我が生命は天が与えたものであり、この身体は、天の与えた本性をしまっておく室だと言える。精気《せいき》が凝《かたま》って形あるものになると、天（本性）はこの室に寄寓し、魂が遊離《ゆうり》し出すと、天はこの部屋から離れるのである。だから死んだ後は、即ち生まれる前であり、生まれる前は死んだ後であって、人の本性は、常に死生の外にあるのだから、自分は死を少しも畏れないのである。一体、昼夜には一つの道理があり、死生にも一つの道理があるように、生まれる時の始めを考究して死ぬ時の終わりに至るの理、死生の説を知るのである。何と簡単で分かり易いものでないか。我々はこの理によって、自ら理解納得すべきではないか。

○解説

死生観は自ら納得しなければ、意味がありません。本を読み、人の話を聞いても、自分の生命に対する観方《みかた》（覚悟・納得）は、自ら考え、学び、確信するのでなければ、判断・実践の土台にはならないのです。理屈だけ分かったのでは、体外にある書物と同じです。生命に対して、自ら考え、学び、確信することは、志ある者の必須の条件と言えるでしょう。

〈参考〉

＊「死生命有り、富貴天に在り」（『論語』）

＊第百三十二条の〈参考〉を参照。

生前の本性に復る

死を畏《おそ》るるは、生後《せいご》の情なり。軀殼《くかく》有りて而《しか》る後《のち》に是の情《じょう》有り。死を畏れざるは生前《せいぜん》の性《せい》なり。軀殼を離《はな》れて而《しか》して始めて是の性を見る。人須《ひとすべか》らく死を畏れざるの理《り》を死を畏るるの中に自得《じとく》すべし。性に復《かえ》るに庶《ちか》からむ。（第百三十八条）

死を畏れるのは、生まれてから分かる人間の性情である。人間としての身体があって、始めてこの感情が生まれてくる。死を畏れないのは生を受ける前の感情である。生きている身体を離れて、始めてこの情を理解出来る。だから人間は死を畏れない道理を、死を畏れる感情の中で理解・体得すべきである。そうしてこそ、生前の本性に復《かえ》るに近いと言えるのではないか。

○解説

前条でも述べましたが、国事を思い、それに取り組むということは、それに命をかけるということであって、どんなに理屈をこねても、その覚悟がなければ、国事に取り組む資格はありません。

南洲翁が、囚房の中にあって、『言志録』のこの条に目を付け、抄出されたことに、翁の覚悟を見る思いがします。

〈参考〉

＊「曽子曰《いわ》く。士は以《もっ》て弘毅《こうき》ならざるべからず。任重《にんおも》くして道遠し。仁以て己れが任と為《な》す。亦《また》重からずや。死して後已《や》む。亦遠からずや」（『論語』）

歴史の見方

一部の歴史は、皆形迹《みなけいせき》を伝うれども、而《しか》も情実《じょうじつ》は或《あるい》は伝わらず。史を読む者は、須《すべか》らく形迹に就《つ》きて以て情実を討《たず》ね出すを要すべし。（第百四十一条）

歴史が伝えるのは、全部外に現れたあとかただけであって、内部の感情や実体は伝わらない。

だから歴史を読む者は、ぜひとも、表面上の形跡から、記録されていない人情の動き、事の真相を探し出さねばならない。

○解説

私は「福島新樹会」の代表を受け持つようになってから、機関紙『福島新樹』に、「励志語録」「修己文献」の欄を設けて、私が学んで感銘した人物五十五名を連載しましたが、これは安岡正篤先生から教わった「人物と歴史に学ぶことほど生きた学問はない」という訓《おしえ》に基づいて企画したものです。

それまでの史書は「事実の列記」に留まったものでしたが、司馬温公は『資《し》治《じ》通《つ》鑑《がん》』で、事件の経緯について善悪を明らかにしました。そしてそれがその後の政治に活用されるようになったのです。

司馬温公は御前講義をした天子から「卿、進講するにつねに幾諌を存す」と言わしめ、日本でも、幕末の京都の大儒・春日潜庵《せんあん》は生涯に四回この本を通読しました。「安政の大獄」で刑死した橋本左内も獄中、読んでいたと言われ、それを伝え聞いた吉田松陰が左内に是非会いたい、と熱望したことが伝えられています。

このように『資治通鑑』が、明治維新に大きな影響を与えたことはいうまでもありません。

賢明であるということは

博聞強記《はくぶんきょうき》は聡明《そうめい》の横《おう》なり。精義入神《せいぎにゅうしん》は聡明の竪《じゅ》なり。（第百四十四条）

何でも博《ひろ》く聞いていろんな事情に精《くわ》しく、記憶が強いという事は、賢明であることの横幅であり、深く道理を探求して神妙な奥儀に達しているということは、賢明であることの深さ、奥行きである。

〈参考〉
＊「博聞強記にして譲《ゆず》り、善行に敦《あつ》くして、怠らず、之を君子と謂う」（『礼記』）

信用されることの難しさ

信を人に取ること難《かた》し。人は口を信《しん》ぜずして躬《み》を信じ、躬を信ぜずして心を信ず。是《ここ》を以て難《かた》し。（第百四十八条）

人に信用されるということは、大変難しい。人はその人の言葉を信用しないで、その人の実践を見るし、その実践の基になった心を見るからである。心を人に示すことは、なかなか難しいことであるから、人に信用されるということは大変難しいのである。

〈参考〉

＊「『六験』

之を喜ばしめて以《もっ》て其の守を験す
之を楽しましめて以て其の僻《へき》を験す
之を怒《いか》らしめて以て其の節を験す
之を懼《おそ》れしめて以て其の持《じ》を験す
之を哀《かな》しましめて以て其の人を験す
之を苦《くる》しましめて以て其の志《し》を験す」（『呂覧《りょらん》』）

平日の信用

臨時《りんじ》の信は、功《こう》を平日《へいじつ》に累《かさ》ね、平日の信は、效《こう》を臨時《りんじ》に収《おさ》む。（第百四十九条）

突然の出来事をうまく処理して信用され、それを積み重《かさ》ねて普段の信用となり、その平日の信用があるために、突然の事に対しても功績をあげることが出来るのである。

〈参考〉

＊「誠はふかく厚からざれば、自ら支障も出来るべし、如何にぞ慈悲を以《もっ》て失を取ること

あるべき、決して無き筈なり。いずれ誠の受用《じゅよう》においては、見ざる所において戒慎し、聞かざる所において恐懼する所より手を下すべし。次第に其功も積みて、至誠の地位に至るべきなり。是を名づけて君子と云う。是非天地を証拠にいたすべし。是を以て事物に向えば隠《かく》すものなかるべきなり。司馬温公曰《いわ》く『我胸中人に向うて云われざるものなし』と、この処に至っては、天地を証拠といたすどころにてはこれなく、即ち天地と同体たるものなり、障礙《しょうがい》する慈悲は姑息にあらずや。嗚呼大丈夫姑息に陥るべけんや、何ぞ分別を待たんや。事の軽重難易を能《よ》く知らば、かたおちする気づかい更にあるべからず」（『南洲翁遺訓』）

上下の人の信用

信、上下《しょうか》に孚《ふ》すれば、天下《てんか》甚《はなは》だ処《しょ》し難《がた》き事無《ことな》し。（第百五十条）

職域の上下の人に信用があれば、この世で処理出来ないことはない。

〈参考〉
＊第百四十九条の〈参考〉を参照。

夢で誠を知る

意《こころ》の誠否《せいひ》は、須《すべか》らく夢寐中《むびちゅう》の事《こと》に於て之を験《けん》すべし。（第百五十三条）

自分の心が誠であるかどうかは、寝ている時に見る夢の中で知ることが出来る。

○解説

夢を見るのは人によって違っています。よく見る人、あまり見ない人と別れますが、孔子が、尊敬する周公旦の夢を最近見ないと言って嘆く話を知ると、私の思い方、目指《めざ》し方の熱意が不足しているのではないかと思わざるを得ません。絶《た》えず祈念すべきであるということでしょう。

〈参考〉

＊第百四十九条の〈参考〉を参照。

敬と誠とは

妄念《もうねん》を起さざるは是れ敬《けい》にして、妄念起らざるは是れ誠《まこと》なり。（第百五

十四条）

下《くだ》らない考えを起こさないのが、自分に対して慎み、他人に対しては尊んで礼を尽くす敬であり、下らない考えが起きないのが誠である。

○解説

私は長く政治家の秘書をやっていましたが、目標として斉の名宰相・晏嬰《あんえい》を目指しました。

「晏平仲《あんぺいちゅう》、善く人と交わる。久しくして人これを敬す」と『論語』にある孔子の晏嬰評は、実に適切と言うべきもので、現実に照らして首肯せざるを得ません。

安岡正篤先生もこれについて、「人は遠く離れて見るのと、近づいて交わるのとでは大変違うことが多い。壇上の雄弁を聞いて大政治家のように思っては、近づいて失望する青年が少なくない。智識や技能に感動して婚を通じ、後で意外な性格の欠陥を発見して幻滅の悲哀を覚える婦人も多い」と言っておられますが、それを自らに擬《ぎ》すると、奮起せずにはいられない気持ちになるものです。

〈参考〉

＊「敬は主一無適之謂（物事に対するのに、心を其の事だけに向けて他の事に散らさないこと）」（宋学）

＊「己れに克つに、事々物々時に臨みて克つ様にては克ち得られぬなり。兼《かね》て気象を以て克ち居れよと也」（『南洲翁遺訓』）

忠孝の両立

君《きみ》に事《つか》えて忠《ちゅう》ならざるは、孝《こう》に非ざるなり。戦陣《せんじん》に勇《ゆう》無きは、孝に非ざるなり。曾子《そうし》は孝子《こうし》にして、其の言此《か》くの如し。彼《か》の忠孝《ちゅうこう》は両全《りょうぜん》ならずと謂《い》う者は、世俗《せぞく》の見《けん》なり。（第二百十六条）

君に仕えて忠義でないことは、親に対して不孝であるという事である。戦陣に臨んで勇者でない者は、親に対して孝行ではないということである。曽子は非常な孝行者であったが、その人が言った言葉である。世の中には忠と孝は両立しないという人がいるが、これは俗世間の間違った意見である。

○解説

私達の小・中学校時代は、『孝経』の「身体髪膚《しんたいはっぷ》之《こ》れを父母に受く。敢《あ》えて毀《き》傷《しょう》せざるは、孝の始めなり。身を立て道を行ない、名を後世に揚げて、以て父母を顕《あら》わすは孝の終りなり」の言葉が、教科書に載っていて、後に「名を後世に挙げる」ことと、「無名有力の人たれ」という師訓との関係で悩《なや》んだことを覚えています。

〈参考〉

＊「人智を開発するとは、愛国忠孝の心を開くなり。国に尽し家に勤むるの道明《あきら》かならば、百般の事業は従って進歩すべし。或いは耳目を開発せんとて、電信を懸け、鉄道を敷き、蒸気仕掛けの器械を造立《ぞうりつ》し、人の耳目を聳動《しょうどう》すれ共、何故電信鉄道の無くては叶わぬぞ欠くべからざるものぞと云う処に目を注《そそ》がず、猥《みだ》りに外国の盛大を羨《うらや》み、利害得失を論ぜず、家屋の構造より玩弄物《がんろうぶつ》に至る迄、一々外国を仰ぎ、奢侈《しゃし》の風を長じ、財用を浪費

せば、国力疲弊《ひへい》し、人心浮薄《ふはく》に流れ、結局日本身代限《しんたいかぎ》りの外有る間敷《まじき》也」（『南洲翁遺訓』）

民を理解して戦いに勝つ

民《たみ》の義《ぎ》に因《よ》りて以て之を激《げき》し、民の欲《よく》に因りて以て之に趨《おもむ》かしめば、則ち民其の生を忘れて其の死を致《いた》さん。是れ以て一戦すべし。（第二百二十二条）

民衆が正義としているところを理解して、これを激励し、民衆がやりたいと思っていることを理解して、その方向に向かわせれば、民衆は喜び信服して、自分の生命をも忘れて、死力を尽くすものである。こうなれば、戦に臨んでも大丈夫である。

○解説

誠は、結果・功徳《くどく》を期待して発するのではなく、人間としての真情から、相手の立場を思いやって、発すべきものです。

「かくすれば　かくなるものと知りながら

やむにやまれぬ大和魂」

吉田松陰のこの歌は、その誠のあり方を、結果の期待ではなく、人間の至情によるべきことを、述べているものと思います。

〈参考〉

＊「租税を薄くして民を裕《ゆたか》にするは、即ち国力を養成する也《なり》。故に国家多端にして財用の足らざるを苦しむとも、租税の定制を確守し、上を損じて下を虐《しいた》げぬもの也。能く古今

の事跡を見よ。道の明《あきら》かならざる世にして、財用の不足を苦しむ時は、必ず曲知小慧《きょくちしょうけい》の俗吏を用《もち》い巧みに聚斂《しゅうれん》して一時の欠乏を給するを、理材に長ぜる良臣となし、手段を以《もっ》て苛酷《かこく》に民を虐ぐるゆえ、人民は苦悩に堪え兼ね、聚斂を逃《のが》れんと、自然譎詐狡猾《きっさこうかつ》に趣き、上下互に欺《あざむ》き、官民敵讐《てきしゅう》となり、終に分崩離析《ぶんぽうりせき》に至るにあらずや」（『南洲翁遺訓』）

注意すべき秘訣

漸《ぜん》は必ず事を成《な》し、恵《けい》は必ず人を懐《いだ》く。歴代の姦雄《かんゆう》の如きも、其の秘《ひ》を窃《ぬす》む者有れば、一時だも亦能《またよ》く志《こころざし》を遂《と》げき。畏《おそ》る可《べ》きの至《いた》りなり。

（第二百二十三条）

漸進的に事を進めれば、必ず成功するし、物心両面で人に恩恵を与えれば、必ず味方につけることが出来る。歴史に現れる、心の邪《よこしま》な悪人でも、この秘訣を盗んで、一時的にでもその野心を成し遂げた者がいるが、まことに畏るべきことで、注意しなければいけない。

○**解説**

斉《せい》の管仲《かんちゅう》は、桓公《かんこう》を助けて、覇者たらしめた名宰相の一人です。法家流の政治を進めたのですが、その中の『牧民管』は、その中心と言うべきものです。名君、上杉鷹山を教え育てた細井平洲の『嚶鳴館遺草《おうめいかんいそう》』の中にも、巻四に『管子牧民国語解』が紹介されています。

その中で「故に刑を省くの要は文巧《ぶんこう》を禁ずるに在り、国を守るの度は四維《しい》を飾《かざ》るに在り」として、領民に律義正直《りちぎしょうじき》の気風が衰えて、彼らが悪賢《わるがしこ》くなってゆく根源は、外面を飾り、自己中心の利口才覚を許さないという規則がないためであり、そのようにならないためには、まず四維と言われる「礼義廉恥《れいぎれんち》（礼と義を尊び、心を清く、恥を知る）」を守り、弛《ゆる》まないようにしなければならないと言っています。
　覇道を進めた管仲の規則の中に、四維のような道義が求められていることは留意すべきことではないでしょうか。

〈参考〉
＊前条と同じ。

悪徳者が見せる匿情、柔媚、剛愎

匿情《とくじょう》は慎密《しんみつ》に似たり。柔媚《じゅうび》は恭順《きょうじゅん》に似たり。剛愎《ごうふく》は自信に似たり。故に君子は似て非《ひ》なる者を悪《にく》む。（第二百二十四条）

感情を抑えて外にあらわさない「匿情《とくじょう》」は、つつしみ深いことを意味する「慎密《しんみつ》」とよく似ていて騙《だま》されやすいし、柔和《にゅうわ》で媚びへつらう「柔媚《じゅうび》」は、うやうやしく命令に順う「恭順」に似ており、剛情で片意地な「剛愎《ごうふく》」は、信念を貫く「自信」に似ていて分かり難い。だから君子は、このような悪徳な者を注意して排斥したのである。

○解説

これは、現在でも各界で言われることで、本人だけでなく、その人を利用しようとする者が、その宣伝をするものです。前条も参照してください。

〈参考〉

＊「似て非なる者を悪《にく》む」（『孟子』）

＊「郷原《きょうげん》は徳の賊なり」（『孟子』）

＊「奢《しゃ》を以て福ありと為す。
詐《さ》を以て智ありと為す。
貪《どん》を以て為すありと為す。
怯《きょう》を以て守《しゅ》ありと為す。
争《そう》を以て気ありと為す。
瞋《いかり》を以て威ありと為す。」（『格言聯璧《れんぺき》』）

過不足をなくすこと

惻隠《そくいん》の心も偏《へん》すれば、民或《たみあるい》は愛に溺《おぼ》れて身を殞《おと》す者有り。羞悪《しゅうお》の心も偏《へん》すれば、民或《たみ》は自《みずか》ら溝瀆《こうどく》に経《くび》るる者有り。辞譲《じじょう》の心も偏すれば、民

或は奔亡《ほんぼう》して風狂《ふうきょう》する者有り。是非《ぜひ》の心も偏すれば、民或は兄弟鬩《けんていかき》に鬩《せめ》ぎ、父子相訟《ふしあいうった》うる者有り。凡《およ》そ情の偏するは、四端《たん》と雖も、遂《つい》に不《ふ》善《ぜん》に陥《おちい》る。故に学んで以て中和《ちゅうわ》を致し、過不及《かふきゅう》無きに帰《き》す。之を復性《ふくせい》の学と謂《い》う。（第二百二十五条）

不遇な者を憐《あわれ》み痛《いた》む「惻隠《そくいん》」の心も、度《ど》が過ぎると、民衆の中にはそれに甘えて、自律心を失い身を亡《ほろぼ》す者も出てくるし、自分の不善を恥じ、人の不善をにくむ「羞悪《しゅうお》」の心も度を過ぎると、ドブの中で首をくくる者も出てくるであろう。辞退すべきは辞退し、譲《ゆず》るべきは譲る「辞譲《じじょう》」の心も度が過ぎると、民衆の中には、逃げかくれて頭がおかしくなる者も出てくるであろう。善悪正邪を識別する「是非《ぜひ》」の心も、度が過ぎると、一般民衆の中には、兄《きょう》弟喧嘩《だいげんか》をしたり、親子で裁判沙汰を起こしたりする者も出てくるであろう。

このように感情が一方に片寄《かたよ》りすぎると、孟子の唱える「四端」までもが、よくない結果を招くことになる。だから学問を積んで、性情を中正にし、過不足ないようにしなければならない。之は復性《ふくせい》の学というものである。

〈参考〉

＊「子《し》曰く、由《ゆう》や、女六言六蔽《なんじりくげんりくへい》を聞けるか。対《こた》えて曰く、未《いま》だし。居れ、吾女《われなんじ》に語《つ》げん。仁《じん》を好みて学を好まざれば、其の蔽や愚《ぐ》。知《ち》を好みて学を好まざれば、其の蔽や蕩《とう》。信を好みて学を好まざれば、其の蔽や賊《ぞく》。直《ちょく》を好みて学を好まざれば、其の蔽や絞《こう》。勇《ゆう》を好みて学を好まざれば、其の蔽や乱《らん》。剛《ごう》を好みて学を好まざれば、其の蔽や狂《きょう》」（『論語』）

第二章
言志後録

孔子の志をもって自分の志とする

此《こ》の学《がく》は吾人《ごじん》一生の負担《ふたん》なり。当《まさ》に斃《たお》れて後已《のちや》むべし。道《みち》は固《も》と窮《きわま》り無く、堯舜《ぎょうしゅん》の上《うえ》、善尽《ぜんつ》くること無し。孔子は志学《しがく》より七十に至るまで、十年毎《ごと》に自《みずか》ら其《そ》の進む所有るを覚え、孜孜《しし》として自ら彊《つと》め、老《おい》の将《まさ》に至らんとするを知らざりき。仮《も》し其れをして耄《ぼう》を踰《こ》え期《き》に至らしめば則《すなわ》ち其の神明不測《しんめいふそく》なること、想《おも》うに当に何如《いか》なるべきぞ。凡《およ》そ孔子を学ぶ者は、宜《よろ》しく孔子の志《こころざし》を以て志と為《な》すべし。（第一条）

この聖人になることを目指す「儒学」は、我々が一生背負ってゆかねばならない重荷である。本当に斃《たお》れるまで努力しなければならないものである。この道は、もとより窮《きわま》りないものであり、聖天子と言われた堯や舜の行為以上になすべき善は尽きることがないのである。

孔子は学に志した十五歳より、七十歳になるまで、十年毎に進境を自覚し、一所懸命に勉強して年を取ることにも気が付かなかったと言われている。もし孔子を七十三歳で永眠することなく、八十、九十を越えて、百歳まで長生きさせたならば、その神の如き明智光徳は測り難く、想像に余りある所である。

およそ孔子を学ぶ者は、この孔子の志をもって自分の志とし、精進しなければならない。

○解説
明治維新以降、西洋機械文明と、その華麗さに心奪われて、学が知識修得の手段となり、特に太平洋戦争後は、拝金思想の時代となってしまいました。『南洲翁遺訓』には「何程制度方法を論ずる共、其人に非ざれば行われ難し。人有りて後方法の行わるるものなれば、人は第一の宝にして、己れ其の人に成るの心懸け肝要なり」とありますが、これが、これからの日本教学の目的とならなければならないと思います。

〈参考〉

＊「聖賢に成らんと欲する志無く、古人の事跡を見、迚《とて》も企《くわだ》て及ばぬと云う様なる心ならば、戦に臨《のぞ》みて逃ぐるより猶卑怯《なおひきょう》なり。朱子も白刃《はくじん》を見て逃ぐる者はどうもならぬと云われたり。誠意を以《もっ》て聖賢の書を読み、其の処分せられたる心を身に体し心に験する修行致さず、唯个様《かよう》の言个様の事と云うのみを知りたりとも、何の詮《せん》無きもの也《なり》。予《よ》今日人の論を聞くに、何程尤もに論ず共、処分に心行き渡らず、唯口舌《くぜつ》の上のみならば、少しも感ずる心之《こ》れ無し。真に其の処分有る人を見れば、実に感じ入る也。聖賢の書を空

しく読むのみならば、譬《たと》えば人の剣術を傍観するも同じにて、少しも自分に得心出来ず。自分に得心出来ずば、万一立ち合えと申されし時逃ぐるよりの外有る間敷《まじき》也」（『南洲翁遺訓』）

天道に則る

自《みずか》ら彊《つと》めて息《や》まざるは天の道《みち》なり。君子《くんし》の以《な》す所《ところ》なり。虞舜《ぐしゅん》の孶孶《じじ》として善《ぜん》を為《な》し、大禹《たいう》の日に孜孜《しし》せんことを思い、成湯《せいとう》の苟《まこと》に日《ひ》に新《あらた》にする、文王《ぶんおう》の遑暇《いとま》あらざる、周公《しゅうこう》の坐《ざ》して以《もっ》て旦《たん》を待《ま》てる、孔子の憤《ふん》を発《はっ》して食《じき》を忘《わす》るるが如き、皆是《みなこ》れなり。彼《か》の徒《いたず》らに静養瞑坐《せいようめいざ》を事《こと》とするのみなるは、則《すなわ》ち此《こ》の学脈《がくみゃく》と背馳《はいち》す。（第二条）

昼夜休むことなく、天体が勉め運行しているのは天の道である。これと同様に、自ら勉《はげ》み怠らないのが、君子の道である。舜帝が早朝から晩まで善道を進めようと勤められたこと、夏の禹《う》王が一所懸命日々道を尽そうと努力されたこと、殷《いん》の湯王が日々「その徳を新《あらた》にしよう」と尽力されたこと、周の文《ぶん》王《のう》が食事を摂る暇がない程勉められたこと、周公が夜を日についで善政を行おうと、夜中にでも良い考えを思いつくと夜の明けるのを待ってこれを実行に移されたこと、孔子が道を進めるために発憤して食事を忘れられたことなど、これらは皆自《みずか》ら彊《つと》めて息《や》まない天道に則《のっと》った実例である。

○解説

徒《いたず》らに静かに身心を整え、眼をつぶって坐っていることを能事《のうじ》とする者は、この学問の流派とは全く相反していると言わねばならない。

儒学が知行合一を根本としていることは『論語』をはじめ、典籍すべてに強調されていることであり、真の幸福を求めるのであれば、知識万能の人道・学道を改めていくほかにありません。日本の再建もそこから出発しなければならないと思います。

それは新しい学派を樹《た》てることではなく、今、修めている宗教の正しいあり方、人間としての進むべき道の実践以外にはないのです。

〈参考〉

＊「道は天地自然の物にして、人は之を行うものなれば、天を敬するを目的とす。天は人も我も同一に愛し給うゆえ、我を愛する心を以て人を愛する也」（『南洲翁遺訓』）

＊「己《おの》れに克《か》つに、事々物々時に臨みて克つ様にては克ち得られぬなり。兼《かね》て気象を以て克ち居れよと也」（『南洲翁遺訓』）

一所懸命になっている時の心

自彊《じきよう》不息《ふそく》の時候《じこう》、心地《しんち》光光《こうこう》明明《めいめい》なり。何《なん》の妄念《もうねん》遊思《ゆうし》有《あ》らん。何の嬰累《えいるい》罣想《かいそう》有らむ。（第三条）

人が自ら励み一所懸命になっている時は、その心は光にみちて明るく、少しもつまらない考えとか遊ぼうとする気持ちはなく、また心にかかる累《わずらい》や、気にかかる悪い思いなどはないものである。

○解説

南洲翁は、その考え、訓《おしえ》を書にされることはなく、ひたすら、実践の路を歩まれました。ただいくつかの漢詩と和歌を残されています。

その一つの漢詩に翁の志を偲んでみましょう。

朝《あした》に恩遇を蒙《こうむ》り夕《ゆうべ》に焚阬《ふんこう》せらる
人世の浮沈《ふちん》は晦明《かいめい》に似たり
縦《たと》い光を回《めぐ》らさずとも葵《あおい》は日に向《むか》う
若し運を開《ひら》く無くとも意は誠を推《お》さむ
洛陽《らくよう》の知己《ちき》皆《みな》鬼《おに》と為り
南嶼《なんしょ》の俘囚《ふしゅう》独生《ひとりせい》を竊《ぬす》む
生死何ぞ疑《うたが》わん天の附与《ふよ》なるを
願わくは魂魄《こんぱく》を留《とど》めて皇城《こうじょう》を護《まも》らん

〈参考〉

＊「己れを愛するは善《よ》からぬことの第一也。修業の出来ぬも、事の成らぬも、過《あやまち》を改むることの出来ぬも、功《こう》に伐《ほこ》り驕謾《きょうまん》の生ずるも、皆自ら愛するが為なれば、決して己れを愛せぬもの也」（『南洲翁遺訓』）

＊「道を行う者は、固《もと》より困厄《こんやく》に逢うものなれば、如何《いか》なる艱難《かんなん》の地に立つとも、事の成否身の死生抔《など》に、少しも関係せぬもの也。事には上手下手有り、物には出来る人、出来ざる人有るより、自然心を動かす人も有れ共、人は道を行うものゆえ、道を踏《ふ》むには上手下手も無く、出来ざる人も無し。故に只管《ひたす》ら道を行い道を楽しみ、若《も》し艱難に逢うて之を凌《しの》がんとならば、弥々《いよいよ》道を行い道を楽しむ可《べ》し。予《よ》壮年より艱難と云う艱難に罹《かか》りしゆえ、今はどんな事に出会う共、動揺は致すまじ、夫《そ》れだけは仕合せ也」（『南洲翁遺訓』）

教えのやり方

誘掖《ゆうえき》して之《これ》を導《みちび》くは、教《おしえ》の常《つね》なり。警戒《けいかい》して之を喩《さと》すは、教の時《とき》なり。躬行《きゅうこう》して以《もっ》て之を率《ひき》いるは、教の本《もと》なり。言わずして之を化《か》するは、教の神《しん》なり。抑《おさ》えて之を揚《あ》げ、激《げき》して之を進《すす》むるは、教の権《けん》にして変《へん》なるなり。教も亦《また》術《じゅつ》多《おお》し。（第十二条）

子供の傍にいて助け導くのは、教えの常道であり、子供が悪い道に入ろうとするのをよく見ていて注意し、戒《いまし》め、導くのは、教えの時を示すものである。自分が率先実行してそれを見習わせるのは、教えの基本であり、黙ってうしろ姿で導くのは、教えの霊妙な働きである。一度抑えつけて、そして賞《ほ》め、励まして、正道に向わせるのは、時宜《じぎ》に適した臨機応変の教えのやり方である。このように、教えにも、その時・所に応じていろいろのやり方がある。

○解説

佐藤一斎のこの一条に心をひかれた南洲翁の、教育者としての姿が浮かんできます。

＊「猶予狐疑《ゆうよこぎ》（注：ぐずぐずしたり、疑い深いこと）は第一毒病にて、害をなす事甚だ多し、何ぞ憂国志情の厚薄に関《かか》らんや。義を以て事を断ずれば、其の宜《ぎ》にかなうべし、何ぞ狐疑を容《い》るるに暇あらんや。狐疑猶予は義心の不足より発るものなり」の遺訓も右に通ずるものでしょう。

〈参考〉

＊「やって見せ　言ってきかせて

させてみて
褒《ほ》めてやらねば
人は動かじ」（山本五十六）

＊「『うしろ姿』
語る人貴し
語るとも知らで
からだで語る人
さらに貴し
導《みちび》く人貴し
尊くとも知らで
うしろ姿《すがた》で導く人
さらに貴し」（安積得也）

志をしっかり立てる

閑想客感《かんそうかくかん》は、志《こころざし》の立《た》たざるに由《よ》る。一志《し》既《すで》に立《た》ちなば、百邪退聴《ひゃくじゃたいちょう》せん。之《これ》を清泉涌出《せいせんゆうしゅつ》すれば、旁水《ぼうすい》の渾入《こんにゅう》するを得《え》ざるに譬《たと》う。（第十八条）

つまらない事を考えたり、外の事に気を取られたりするのは、しっかりと自分の志が立っていないからである。志がしっかり立っていれば、邪《よこし》まな考えは出て来ないものである。これは、清らかな泉が湧き出ていれば、外からの水はそこに入れないようなものである。

○解説

『言志四録』の中には、憤・立志に関するものが、多く出てきますが、この手抄に入らなかったものも、『言志録』の中だけでも次のようにあります。

一、学は立志より要なるはなし。而して立志も亦之を強うるに非ず。只《ただ》本心の好む所に従うのみ。（第六条）

一、立志の功は、恥を知るを以て要となす。（第七条）

一、人を教うる者、要は須《すべか》らく其の志を責むべし。聒聒《かつかつ》として口に騰《のぼ》すとも益無きなり。（第百八十四条）

〈参考〉

＊「志立たざれば、天下成るべきの事なし」（王陽明）

＊「人生劈頭《へきとう》一箇の事あり。立志是れなり」（春日潜庵）

＊「一、稚心《ちしん》を去る。二、気を振《ふる》う。三、志を立てる。四、学を勉める。五、交友を択《えら》ぶ」（橋本左内『啓発録』）

公欲と私欲

心《こころ》を霊《れい》と為《な》す。其《そ》の条理《じょうり》の情識《じょうしき》に動《うご》く。之《これ》を欲《よく》という。欲に公私《こうし》有り。情識の条理に通《つう》ずるを公《こう》と為《な》し、条理の情識に滞《とどこお》るを私《し》と為す。自《みずか》ら其の通滞《つうたい》を弁《べん》ずる者は、即便《すなわ》ち心《こころ》の霊《れい》なり。（第十九条）

われわれの心は霊妙なもので、その心の中にある理性が、感情や意識によって動くのが欲であり、その欲には公欲と私欲がある。感情意識が理性によっている場合が公欲であり、理性によらず、本能的に動くのが私欲である。この理性によるか、よらないか、自らきめるのが、心の霊妙な働《はたら》きである。

○解説

事業にせよ、人生にせよ、志が出発の力となることは、先人の等しく説くところです。『王陽明』と春日潜庵の言葉は前条の〈参考〉に記しましたが、それ以外にもあります。その一部を〈参考〉に挙げてみましょう。

〈参考〉

＊第三条の〈参考〉の「己れを愛するは～」（『南洲翁遺訓』）を参照。

＊「天下の広居《こうきょ》に居《お》り、
天下の正位《せいい》に立ち、天下の大道《だいどう》を行く。
志を得れば民と之《こ》れに由《よ》り、
志を得ざれば独り其の道を行《おこな》う。
富貴も淫《いん》する能《あた》わず。
貧賤も移《うつ》す能わず。

威武《いぶ》も屈《くっ》する能わず。
此《こ》れを之《こ》れ大丈夫と謂《い》う」（『孟子』）

＊「志を立てて以て万事の源となす」（吉田松陰）

＊「学は志を立つるより要なるはなし」（佐藤一斎）

＊「修身の講義は、ある意味ではこの『立志』の一事に尽きると申してもよいほどです」
（森信三）

大自然の動きに逆らわないこと

人《ひと》の一生遭《しょうあ》う所《ところ》には、険阻《けんそ》有り、坦夷《たんい》有り、安流《あんりゅう》有り、驚瀾《きょうらん》有り。是《こ》れ気数《きすう》の自然《しぜん》にして、竟《つい》に免《まぬが》るる能《あた》わず。即《すなわ》ち易理《えきり》なり。人は宜《よろ》しく居《お》って安《やす》んじ、玩《もてあそ》んで楽《たの》しむべし。若《も》し之《これ》を趨避《すうひ》せんとするは、達者《たっしゃ》の

見《けん》に非《あら》ず。（第二十五条）

人がその一生の間に出逢うのは、険《けわ》しい処もあれば平坦な処もあり、水路で考えれば、穏《おだや》かな流れもあれば、逆巻《さかま》く大波もある。これは生きている自然の姿であって、免《まぬが》れることは出来ない、易に説かれた道理である。だから、人は自分のいる所に安んじて、逆らわず、楽しむようにしたら良い。この大自然の動きに逆らったり、逃げたりするのは、達人の見識ではない。

○解説

志を立てて、前進する時、困難なことに遭ったら、大変と思うよりも、良い機会が与えられたとして、前進対応する心構えが大切です。うまく行っても、行かなくても、貴重な経験となって、自分の将来に活かすことが出来るからです。その気構《きがま》えが活力を生《う》んで、将来を照らしてゆくのです。

前述の言葉を確認しようではありませんか。

「儒教というものは、どこまでも人間というもの、時代というものに徹していこうという。これを避けたり、これを超えたりはしない。あるいは単にこれを批判するものではない。どこまでも人間と現実に徹して、これを改めてゆこうとして、それが出来ようが出来まいが、必ずしもその報いとか成功を求めない、功徳《くどく》を求めない。良心・真理・道に徹していこう、どこまでも現実を重んじ、実践に徹してゆこうというのが、その真面目《しんめんぼく》である」（安岡正篤）

〈参考〉

＊第三条の〈参考〉の「道を行う者は、～」（『南洲翁遺訓』）を参照。

思うということは

心《こころ》の官《かん》は則《すなわ》ち思うなり。思うの字は只《た》だ是《こ》れ工夫《くふう》の字のみ。思えば則ち愈《いよいよ》精明《せいめい》に、愈《いよいよ》篤実《とくじつ》なり。其の篤実なるよりして之《これ》を行《こう》と謂《い》い、其の精明なるよりして之を知《ち》と謂う。知行《ちこう》は一の思《おも》うの字に帰《き》す。（第二十八条）

心の役目は思うところにあり、その思うということは、道の実行、つまり自分の生き方について工夫することである。そう考えていくと、その問題についてますます精《くわ》しく明らかになり、まじめに取り組むことになる。これを行《こう》と言い、精しく明らかになることを知《ち》と言うのであって、この知と行も、

「思」の一字から出発するのである。

○解説

第二十五条の〈参考〉と私見を再読してください。

〈参考〉

＊「事に当り思慮の乏しきを憂《うれ》うること勿《なか》れ。凡《およそ》思慮は平生黙坐静思の際に於てすべし。有事の時に至り、十に八九は履行《りこう》せらるるものなり。事に当り率爾《そつじ》に思慮することは、譬《たと》えば臥床夢寐《がしょうむび》の中、奇策妙案を得るが如きも、明朝起床の時に至れば、無用の妄想《もうそう》に類すること多し」（『南洲翁遺訓』）

忠恕の心

晦《かい》に処《お》る者《もの》は能《よ》く顕《けん》を見《み》、顕に拠《よ》る者は晦《かい》を見ず。（第六十四条）

暗い所に居る者は、明るい所に居る者をよく見ることが出来るが、明るい所に居る者は暗い所に居る者をよく見ることは出来ない。

○**解説**

上の地位にある者が、部下をうまく育て使うためには、部下の心情をよく把握し、礼をもって使うことによって、部下が感激をもって働くようにしなければなりません。忠恕（まごころと思いやり）の心は、どのような対人関係においても大切です。これが仁の道なのです。

〈参考〉

＊「上の地位にある者は自分の二つの目で見るだけだが、部下（十人）は二十の目で見ている」（俚諺《りげん》）

実践すること

聖賢《せいけん》を講説《こうせつ》して、之《これ》を躬《み》にする能《あた》わざるは、之を口頭《こうとう》の聖賢と謂《い》う。吾《わ》れ之を聞《き》きて一たび惕然《てきぜん》たり。道学《どうがく》を論弁《ろうべん》して、之を体《たい》する能わざるは、之を紙上《しじょう》の道学《どうがく》と謂う。吾れ之を聞きて再《ふた》たび惕然《てきぜん》たり。（第七十七条）

聖人や賢人の道を講義したり、説明したりしても、その道を自分で実践出来ない人を、口先だけの聖人（賢人）と言うことを聞いて、私は一度ギョッとしたが、その後、宋儒の説く道を講じたり、論じたりはするが、自分の身で体現することが出来ない人を、紙上の道学と言うということを聞いて、二度恐れ入ってしまった。

〈参考〉

＊「古《いにしえ》より君臣共に己れを足《た》れりとする世に、治功《ちこう》の上《あが》りたるはあらず。自分を足れりとせざるより、下々《しもじも》の言も聴《き》き入るるもの也。己れを足れりとすれば、人己れの非を言えば忽《たちま》ち怒るゆえ、賢人君子は之を助けぬなり」（『南洲翁遺訓』）

学問とは何か

学《がく》は諸《こ》れを古訓《こくん》に稽《かんが》え、問《とい》は諸れを師友《しゆう》に質《ただ》すことは、人皆之《ひとみなこれ》を知る。学は必ず諸れを躬《み》に学《まな》び、問《とい》は必ず諸れを心に問うものは、其《そ》れ幾人《いくにん》有るか。（第八十四条）

学問の「学」は、昔の人の注釈を、今の人の注釈とくらべあわせて、正しい理解をするように心懸け、「問《とい》」のほうは現在の師や友人に問い質すことだということは、皆よく知っているが、「学」はこれを吾が身に実行し、「問」は自分の心に聞いて反省自得するという、一番大切なことを行っている者は果して何人いるであろうか。

○解説

正しく学び、正しく生きるということは、自分で実行できないことは口に出さず、口に出したことは必ず実行することです。口先だけで、どんなに大言壮語しても、実行が伴わない者は、人も信用しないし、自分も堂々と生きることは出来ないものです。

誠の人と言えば、『宋名臣言行録』に出てくる司馬光《しばこう》（司馬温公《おんこう》）と、その教えを一生貫いた劉安世《りゅうあんせい》のことでしょう。

司馬温公は

「われ人に過ぎたることなし。ただ平生のなすところ、いまだかつて人に対して言うべからざるものあらざるのみ」

と言いきるほど、身を慎み、言行・表裏に乖離《かいり》がなかった人で、日本の大君子人と言われる西郷南洲も心から敬慕していたと伝えられています。

〈参考〉

＊「道は天地自然の道なるゆえ、講学の道は敬天愛人を目的とし、身を修するに克己を以《もっ》て終始せよ。己れに克《か》つの極功《きょくこう》は『意《い》毋《な》し、必《ひっ》毋し、固《こ》毋し、我《が》毋し』と云えり」（『南洲翁遺訓』）

智謀によるものは変わり易い

天《てん》を以《もっ》て得《う》る者《もの》は固《かた》く、人を以て得《う》る者は脆《もろ》し。（第九十四条）

天然自然の法則によって得たものは、情況の変化によって変わることのない確かなものであるが、人の智謀によって得たものは、情況の変化によって変わり易いものである。

〈参考〉

＊「道を行ふ者は、天下挙《こぞ》って毀《そし》るも足らざるとせず、天下挙て誉むるも足れりとせざるは、自ら信ずるの厚きが故也。其の工夫は、韓文公《かんぶんこう》が伯夷《はくい》の頌《しょう》を熟読して会得《えとく》せよ」（『南洲翁遺訓』）

＊「人を相手にせず、天を相手にせよ。天を相手にして、己《おの》れを尽し人を咎《とが》めず、我が誠《まこと》の足らざるを尋ぬべし」（『南洲翁遺訓』）

聖賢の道に近づくか堕落するかは自分次第

君子《くんし》は自《みずか》ら慊《けん》し、小人《しょうじん》は則《すなわ》ち自ら欺《あざむ》く。君子は自ら彊《つと》め、小人は則ち

自ら棄《す》つ。上達《じょうたつ》と下達《かたつ》とは一つの自字《じじ》に落在《らくざい》す。（第九十六条）

立派な人格者である君子は、絶えず学び反省し、満足することはないが、人格的に未熟な小人は、自分の良心をあざむいて自己満足している。君子は自らの未熟を認め、精進努力を欠かさないが、小人はちょっとした事故失敗に自ら諦《あきら》めてしまう。結局、上達向上して聖賢の道に近づくか、諦め堕落して下流に落ちて行くかは、慊と欺、彊と棄の上につく「自」のあり方次第ということになる。

○解説

人に言えないようなことは行わないし、口に出したことは、必ず実行するということです。

私の父がなくなったあとで、身につけていた手帳の中に、「自分が全然関係していないことに対しても責任を持つという崇高な生き方がある」という言葉を見て、恐懼したことを覚えています。

〈参考〉

＊「修行に於いては、これ迄成就《じょうじゅ》という事はなし。成就と思う所、その侭道に背くなり。一生の間、不足不足と思いて思い死《じに》するところ、後《あと》より見て成就の上なり」（『葉隠《はがくれ》』）

反省すれば心は良心を欺かない

人は皆《みな》身《み》の安否《あんぴ》を問《と》うことを知《し》れども、而《しか》も心の安否を問うことを知らず。宜《よろ》しく自《みずか》ら問うべし。「能《よ》く闇室《あんしつ》を欺《あざむ》かざるか否《いな》か。能く衾影《きんえい》に愧《は》じざるか否か。能く安穏快楽《あんのんかいらく》を得《う》るか否か」と。時時《じじ》是《か》くの如《ごと》くす

れば心《こころ》便《すなわ》ち放《はな》れず。（第九十八条）

人は皆その人の身体に異状があるかどうか聴くことは知っているけれども、その人の心が健全で正しく働いているかどうかを聴き、確かめることを知らない。よく自分の心に聞いて見るがよい。「暗室の中で人に見えない所でも、自分の良心に欺《あざむ》くようなことをしないか、独り寝る時、自分の夜具に恥じないかどうか、自分の心が安らかで穏《おだや》かどうか、愉快に楽しんでいるかどうか」と。

時々このように反省するようにすれば、心は決して良心を欺いて、放縦《ほうじゅう》になることはない。

○解説

心の中は自分だけが分かるもので、人からは見えないし、分かるものではありません。しかし、その言動は誰でも見聞することが出来、それを通じてその人の心の中を知ることが出来るのです。「嘘つき」とか「言行不一致」とか、外に出して批判はしなくても、心の中ではそのように判定しているもので、言葉でどのように弁解しても、信用されないものです。「信」が人をつなぐ絆《きずな》であり、これは口（言葉）で理解・納得させることが出来ないものであり、実践を見てもらい、分かってもらうより方法はないのです。自ら慎しむ以外に方法はないのです。

〈参考〉

＊「道に志す者は、偉業を貴ばぬもの也《なり》。司《し》馬《ば》温《おん》公《こう》は閨《けい》中にて語りし言も、人に対して言うべからざる事無しと申されたり。独《ひとり》を慎《つつし》むの学推して知る可し。人の意表に出て一時の快《かい》適《てき》を好むは、未熟の事なり、戒《いまし》む可し」（『南洲翁遺訓』）

「誠」と「敬」

為《な》す無《な》くして為す有《あ》る、之《これ》を誠《せい》と謂《い》い、為す有りて為す無き、之を敬《けい》と謂う。（第百条）

特になそうと思わないで、自然に結果が生まれるというのが「誠」である。日頃から何事もゆるがせにせず努力して、特に何かやった形跡《けいせき》もないが、いつの間にか出来上がっている。成果が出ているというのが「敬」である。

○解説

太平洋戦争後、社会においても、家庭においても「敬」がなくなったと言われます。「敬」がなくなって、秩序を保とうと思えば、権力に頼るしかありません。暴力沙汰が多くなるのは当然でしょう。男女の結婚の場合にも、愛だけではなく敬がないと、愛が憎しみに変わることは世間に見られる通りです。

〈参考〉

＊「誠はふかく厚からざれば、自ら支障も出来るべし、如何《いか》にぞ慈悲を以《もっ》て失を取ることあるべき、決して無き筈なり。いずれ誠の受用《じゅよう》においては、見ざる所において戒慎し、聞かざる所において恐懼する所より手を下すべし。次第に其の功も積みて、至誠の地位に至るべきなり。是を名づけて君子と云う。是非天地を証拠にいたすべし。是を以て事物に向えば、隠《かく》すものなかるべきなり。司馬温公曰《いわ》く『我胸中、人に向うて云われざるものなし』と、この処に至っては、天地と証拠といたすどころにてはこれなく、即ち天地と同体なるものなり、障礙《しょうがい》する慈悲は姑息《こそく》にあらずや。嗚呼大丈夫姑息に陥《おちい》るべけん

や、何ぞ分別を待たんや。事の軽重難易を能《よ》く知らば、かたおちする気づかい更にあるべからず」(『南洲翁遺訓』)

「和」と「介」とは何か

寛懐《かんかい》にして俗情《ぞくじょう》に忤《さから》わざるは和《わ》なり。立脚《りっきゃく》して、俗情に堕《お》ちざるは介《かい》なり。(第百十一条)

ゆったりした心持ちで、特に大切なことでなければ俗社会の流れに逆《さか》らわないのが「和」であり、自分の信念・立場を正しく守り、俗情に落ちないのが「介《かい》」である。

○解説

和《わ》と介《かい》をいかに調整して、義を貫き、事を和《なご》やかに治《おさ》めるかが焦点になりますが、相手に対して、敬から発する忠恕（真心と思いやり）がなければ、和も介も達成することは出来ないでしょう。

〈参考〉

＊九十四条の〈参考〉の「人を相手にせず～」（『南洲翁遺訓』）を参照。

道理は分かっていても……

誣《し》う可《べ》からざる者《もの》は人情《にんじょう》にして、欺《あざむ》く可からざる者は天理《てんり》なり。人皆《ひとみな》之《これ》を知る。蓋《けだ》し知れども而《しか》も未《いま》だ知らず。（第百十七条）

いつわることが出来ないのは人情であり、欺《あざむ》くことが出来ないのは天理である。人は誰でもその事は知っているが、実社会では、上辺《うわべ》だけは知っているが、本当のことは知らないものである。

○**解説**

実際問題に対すると、一応道理は分かっていても、そこを踏み切るのが難しいものです。そこに「意なく、必なく、固なく、我がないこと」の自省の働《はたら》きが必要なのです。

〈参考〉

＊八十四条の〈参考〉の「道は天地自然の道なるゆえ～」（『南洲翁遺訓』）を参照。

知と行の働き

知《ち》は是《こ》れ行《こう》の主宰《しゅさい》にして、乾道《けんどう》なり。行《こう》は是れ知の流行《りゅうこう》にして、坤道《こんどう》なり。合《がっ》して以《もっ》て体軀《たいく》を成《な》せば則《すなわ》ち知行《ちこう》なり。是れ二にして一、一にして二なり。（第百二十七条）

人には、知《ち》と行《こう》の二つの働きがあるが、その知は行を司《つかさど》るものであるから天道であり、行は知から生まれるものであるから地道である。この二つが合して、われわれの体を形成しているのであり、知って行《おこな》わなければ理に叶っているとは言えず、行《おこな》って知を験《ため》さなければ、本当に知ったと言うことは出来ない。このように知と行とは二つにして一つ、また一つであるが別の二つの働きをしている。

○解説

所見の異なる他の意見を素直に聴ける度量、どの点まで道を曲げずに治めるかという勇気と才（知・判断力）。これは回《かい》を重《かさ》ねて備わる見識であり、誠です。ここでも自ら愛する心を超える意志が必要になってきます。

〈参考〉

＊「今の人、才識有れば事業は心次第に成さるるものと思え共、才に任せて為す事は、危くして見て居られぬものぞ。体有りてこそ用は行わるるなり。肥後《ひご》の長岡先生の如《ごと》き君子は、今は似たる人をも見ることならぬ様になりたりとて嘆息《たんそく》され、古語を書いて授けらる。

夫《そ》レ天下誠《まこと》ニ非《あら》ザレバ動カズ。才ニ非ザレバ治《おさ》マラズ。誠ノ至ル者ハ其ノ動クヤ速シ。

才ノ周《あまね》キ者ハ其ノ治ムルヤ広シ。才ト誠ト合シ、然《しか》ル後、事ヲ成ス可《べ》シ」（『南洲翁遺訓』）

心眼を開いて道理を読む

学《がく》は自得《じとく》するを貴《たつと》ぶ。人徒《ひといたず》らに目《め》を以《もつ》て字有《じあ》るの書《しよ》を読《よ》む。故《ゆえ》に字に局《きよく》して、通透《つうとう》するを得《え》ず。当《まさ》に心《こころ》を以て字無《な》きの書を読むべし。乃《すなわ》ち洞《とう》して自得する有らん。（第百三十八条）

学問は、自分で納得することが大切である。それなのに、世の中の人は、文字で書かれた書物を目で読むことを学問と心得ているから、文字に局限拘束されて、本の紙背にある物事の道理・精神を見通すことが出来ない。心眼《しんがん》を開いて、字に表わせない物事の道理、生きた道理を心読して、自分の修養に役立たせたら良い。明るく心に悟るものが分かるだろう。

○解説

私は中学校時代、藩校時代より伝わっていると言われる「正風会」という結社に入って、先輩の指導を受けました。その「正風会」の会則が、次の〈参考〉にある「士規七則」で、月一回開かれる例会では、皆で唱和してから議事に入ることになっていました。

最初はよく分からずに声を出していたが、長ずるに従って、その精神に感銘し、今では修身学の一つとして大切に暗誦しています。

〈参考〉

＊「『士規七則』　吉田松陰

一、凡《およ》そ生まれて人たらば、宜《よろ》しく人の禽獣《きんじゅう》に異《こと》なる所以《ゆえん》を知るべし。蓋《けだ》し人には五倫あり。而《しこう》して君臣父子を最も大なりと為す。故に人の人たる所以は忠孝を本と為す。

一、凡そ皇国に生まれては、宜しく吾が宇内《うだい》に尊き所以《ゆえん》を知るべし。蓋し、皇朝《こうちょう》は万葉一統にして、邦国の士夫《しふ》世々《よよ》禄位《ろくい》を襲《つ》ぐ。人君民を養いて、以て祖業を続《つ》ぎたまい、臣民君に忠にして、以てその志を継《つ》ぐ。君臣一体、忠孝一致、唯だ我国を然りと為す。

一、士の道は義より大なるはなし。義は勇に因《よ》りて行われ、勇は義に因りて長ず。

一、士の行《おこない》は質実欺《あざむ》かざるを以て要と為し、巧詐《こうさ》過《あやまち》を文《かざ》るを以て恥と為す。光明正大、皆是より出ず。

一、人古今《ここん》に通ぜず、聖賢を師とせずんば、則ち鄙夫《ひふ》のみ。読書尚友《しょうゆう》は君子の事なり。

一、徳を成《な》し材《ざい》を達するには、師恩友益多きに居る。故に君子は交游《こうゆう》を慎《つつし》む。

一、死して後已《や》むの四字は言簡《げんかん》にして義《ぎ》広《ひろ》し。堅忍果決、確乎《かっこ》として抜《ぬ》くべからざるものは、是れを舎《お》きて術《じゅつ》なきなり。

右士規七則、約して三端《さんたん》と為す。曰《いわ》く、『志を立てて以て万事の源と為す。交を択《えら》びて以て仁義の行を輔《たす》く。書を読みて以て聖賢の訓《おしえ》を稽《かんが》う』と。士苟《しまこと》にここに得ることあらば、亦以て成人と為すべし」

読書の際の心構え

読書《どくしょ》も亦心学《またしんがく》なり。必《かなら》ず寧静《ねいせい》を以《もっ》てして、躁心《そうしん》を以てする勿《なか》れ。必ず沈実《ちんじつ》を以てして、浮心《ふしん》を以てする勿れ。必ず精深《せいしん》を以てして、粗心《そしん》を以てする勿れ。必ず荘敬《そうけい》を以てして、慢心《まんしん》を以てする勿れ。孟子《もうし》は読書を以て尚友《しょうゆう》と為《な》せり。故《ゆえ》に経籍《けいせき》を読むは、即《すなわ》ち是《こ》れ厳師父兄《げんしふけい》の訓《おしえ》を聴《き》くなり、史子《しし》を読むも、亦即《またすなわ》ち明君《めいくん》、賢相《けんしょう》、英雄《えいゆう》、豪傑《ごうけつ》と相周旋《あいしゅうせん》するなり。其《そ》れ其《そ》の心《こころ》を清明《せいめい》にして以て之《これ》と対越《たいえつ》せざる可《べ》けんや。（第百

四十四条）

読書もまた心を修める学問である。必ず心を安らかにし、騒《さわ》がしい心で読んではならない。必ず落ち着いた心で接し、浮わついた心で読んではならない。必ず深く精《くわ》しく研究し、粗雑な心で読んではならない。必ずおごそかでつつしんだ心で接し、高慢な心で読んではならない。

孟子は読書を以て、古人を友とするものであると言い、だから、経書を読むのは、厳《きび》しい先生や父兄の訓戒を聴くのと同じであり、歴史の書や諸子百家の書を読むのも、直接、賢明な君主、賢い宰相、英雄、豪傑と交際するのと同じであると言ったという。

だから読書に際しては、心を清明にして、書中の人物より卓越した気概をもって相対しなければいけないのである。

〈参考〉

＊第百三十八条の〈参考〉を参照。

第三章
言志晩録

学問には「心」、政治には「情」

学《がく》を為《な》すの緊要《きんよう》は、心《こころ》の一字《じ》に在《あ》り。心を把《と》って以《もつ》て心を治《おさ》む。之《これ》を聖学《せいがく》と謂《い》う。政《まつりごと》を為《な》すの着眼《ちゃくがん》は、情《じょう》の一字に在り。情に循《したが》って以て情を治《おさ》む。之を王道《おうどう》と謂う。王道、聖学は二に非《あら》ず。（第一条）

学問をするに当たって大切なことは、「心」という一字にある。自分の心（判断の仕方）をしっかり把《つか》んで、これによって伸《の》ばしてゆく。これを聖人の学（孔子が説いた儒学）と言うのである。政治を行うに当たって大切なことは「情」という一字である。人情の機微《きび》に従って人々を治める。これを王道と言い、聖人の学の精神と変わりはないものである。

○解説

学がそれぞれの環境に応じて生まれ、発達していますが、それぞれ特色があり、社会に貢献してきました。その事情を知らない者にとっては納得出来ないものもありますが、大和《だいわ》の精神で理解につとめ、納得できるものは受け入れて活用して行けば良いと思います。それが武力等で強制される時には、その民族の生活を守るために、抵抗するのが当然でしょう。

我が国が儒教や仏教を受け入れ、日本化して、日本独自の風俗・精神を作って、現在に到っていることは、知られている通りです。日本の民族精神の維持と民族の幸せのために、教育・風俗が大切に考究されるのも、また、当然であり、日本人として、それに協力・尽力するのは、日本国家に被護を受けている者の義務責任であると思います。

〈参考〉

＊「廟堂に立ちて大政を為すは天道を行ふものなれば、些《ち》とも私を挟《はさ》みては済まぬもの也。いかにも心を公平に操《と》り、正道を踏み、広く賢人を選挙し、能く其職に任《た》ふる人を挙げて政柄《せいへい》を執《と》らしむるは、即ち天意也。（後略）」（『南洲翁遺訓』）

＊「忠孝仁愛教化の道は政事の大本《たいはん》にして、万世に亘り宇宙に弥《わた》り易ふ可《か》からざるの要道也。道は天地自然の物なれば、西洋と雖《いえど》も決して別無し」（『南洲翁遺訓』）

孔子の行いと一般の人

「憤《ふん》を発《はっ》して食《し》を忘《わす》る」とは、志気《しき》是《か》くの如《ごと》し。「楽《たの》しんで以《もっ》て憂《ゆう》を忘《わす》る」とは、心体是《しんたいか》くの如し。「老《ろう》の将《まさ》に至《いた》らんとするを知《し》らず」とは、命《めい》を知り天《てん》を楽《たの》しむこと是《か》くの如し。聖人《せいじん》は人《ひと》と同《おな》じからず。又人《またひと》と異《こと》なら

ず。（第九条）

物事を学び研究する時に不明な点があると、憤を発して取り組み、食事をも忘れられたというのは、聖人と言われた孔子の志がこのように盛んであったということであり、物事が納得出来ると大変喜んで、一切の憂《うれい》を忘れられたということは、孔子の心の持ち方が健全であったことを示すものであり、只《ひた》管《すら》勉強して年をとることも忘れられたというのは、孔子が天命を知り、天道を楽しんでいたことを示すものである。このような孔子の姿を見ていると、孔子が一般の人とは流石《さすが》に違うようでもあるし、食を摂《と》り、憂を感じ、年をとられることを見ると、そんなに違っていないようでもある。努力次第で出来ないことではないと思える。

○解説

自分がどのような生き方をして本当の幸せをつかむか、これは自分で決めることで、他から強制されて達成するものではありません。その志の立て方によって、そして、それに向かって精進することによってのみ、得られるのです。どのような志を立てて、努力するかは、本人が決めるものであって、他の人が口出し出来るものではありません。

〈参考〉

＊「道を行《おこな》うには尊卑貴賤の差別無し。摘《つま》んで言えば、堯舜《ぎょうしゅん》は天下に王として万機《ばんき》の政事を執《と》り給え共、其の職とする所は教師也。孔夫子《こうふうし》は魯《ろ》国を始め、何方《いづかた》へも用いられず、屢々困厄《しばしばこんやく》に逢い、匹夫《ひっぷ》にて世を終え給いしか共、三千の徒皆道を行いし也」（『南洲翁遺訓』）

一燈の明るさを頼りに前へ進め

一燈《とう》を提《さ》げて暗夜《あんや》を行《ゆ》く。暗夜を憂《うれ》うること勿《なか》れ。只《た》だ一燈を頼《たの》め。

（第十三条）

暗い夜道を一張の提灯《ちょうちん》をさげて行く時、その闇の夜の暗さを心配するのではなく、提灯の明るさを頼って行けば良い。後を向いて不安がるのではなく、前を向いて進め。

○解説

自分の提げる一燈が何であるか、それを決めるのは自分以外にはありません。

幸せを真剣に求めるのであれば、それを選ぶために真剣に学び、考えるべきです。そのために多くの先人がおり、その教えが古典として残されています。『論語』には「子曰く、吾嘗て終日食《くら》わず、終夜寝ねず、以て思う。益無し。学ぶに如かざるなり」と教えられています。

次のような詩もあります。

「一隅を照らす」
一隅を照らすもので
私はありたい
私のうけもつ一隅が
どんな小さい
みじめな　はかないものであっても

わるびれず　ひるまず
いつもほのかに照らしてゆきたい
田中良雄

〈参考〉
＊「暗いところばかり見つめている人間は、暗い運命を招き寄せることになるし、いつも明るく明るくと考えている人間は、おそらく運命からも愛され、明るく幸せな人生を送ることができるだろう」（新井正明）
＊「人はその性格にあった事件にしか出会わない」（小林秀雄）

倫理と道理

倫理《りんり》と物理《ぶつり》とは同一理《どういつり》なり。我《わ》が学《がく》は倫理の学なり。宜《よろ》しく近《ちか》く諸《これ》を

身《み》に取《と》るべし。即《すなわ》ち是《こ》れ物理なり。（第十五条）

我々が踏《ふ》み行うべき人の道と物事の道理《どうり》とは、共通の理が存在している。我々人間が身につけるべき人の道は、倫理の学問であって、何事でも身に近く具体的に処理すべきであって、それが物事の道理ということである。

○**解説**

我々の倫理とは、考えて頭に入っていることを言うのではなく、行動を伴って、はじめて倫理と言えるのです。儒学は、当初『論語』にもあるように、知行合一が当然の道でしたが、宋の時代になって、字句の解釈や知識が中心になり、朱子派と陽明派とが対立するようになりました。互いに良い所を認めあって、人としての幸せを築いて行けば良いのです。佐藤一斎も他の条でそれを説いています。

〈参考〉

＊「平日道を踏まざる人は、事に臨《のぞ》みて狼狽《ろうばい》し、処分の出来《でき》ぬもの也。譬《たと》えば近隣《きんりん》に出火有らんに、平生《へいぜい》処分有る者は動揺《どうよう》せずして、取仕末《とりしまつ》も能《よ》く出来るなり。平日処分無き者は、唯《ただ》狼狽して、中々取仕末どころには之無きぞ。夫《そ》れも同じにて、平生道を踏み居る者に非ざれば、事に臨《のぞ》みて策《さく》は出来ぬもの也。予《よ》先年出陣の日、兵士に向い、我が備《そな》えの整不整を、唯味方《ただみかた》の目を以て見ず、敵の心に成りて一つ衝《つ》いて見よ、夫れは第一の備《そなえ》ぞと申せしとぞ」（『南洲翁遺訓』）

正気となるには

濁水《だくすい》も亦水《またみず》なり。一《ひと》たび澄《す》めば清水《せいすい》と為《な》る。客気《かっき》も亦気《またき》なり。一《ひと》たび

転《てん》ずれば正気《せいき》と為る。逐客《ちつかく》の工夫《くふう》は、只《た》だ是《こ》れ克己《こっき》のみ。只だ是れ復《ふく》礼《れい》のみ。（第十七条）

濁った水も水であって、一度澄めば清らかな水となる。空元気《からげんき》も同様に気であって、一転すれば公明正大な気となるのである。この空《から》元気を追い払って正気となる工夫は、ただ自分の私欲に打ち克《か》って、正しい礼にかえるだけのことである。

○解説

一年足らずの在日期間で、クラーク博士は、『代表的日本人』を英文で書いた内村鑑三《うちむらかんぞう》、『武士道』を同じく英文で書いて欧米人に大反響を捲《ま》き起《お》こした新渡戸稲造《にとべいなぞう》等、明治の思想界を代表する人々をその教え子の中から出しています。異教と言われるキリスト教に入信しながら、内村鑑三や新渡戸稲造が説《と》いたものは、濁水であったでしょうか、清水であったでしょうか。

〈参考〉

＊「勇《ゆう》は必ず養《やしな》う処あるべし。孟子《もうし》云わずや、浩然《こうぜん》の気《き》を養《やしな》うと。此気《このき》養わずんばあるべからず」（『南洲翁遺訓』）

＊「少年よ、大志を抱け。それは金銭や利己的誇示のためでなく、また世の人々の名誉と称する、その実虚《じつむな》しき事の為でもなく、人として当然そうあるべき事を達成せんとする大志を抱け」（札幌農学校《さっぽろのうがっこう》・クラーク博士）

理と気

理《り》は本《もと》と形無《かたちな》し。形無ければ名《な》無し。形ありて而《しか》る後《のち》に名有り。既《すで》に

名有れば、理之《これ》を気《き》と謂《い》うも不可《ふか》無し。故《ゆえ》に専《もっぱ》ら本体《ほんたい》を指《さ》せば、則《すなわ》ち形後《けいご》も亦《また》之を理と謂い、専ら運用《うんよう》を指せば、則ち形前《けいぜん》も亦之を気《き》と謂う、並《ならび》に不可なること無し。浩然《こうぜん》の気の如《ごと》きは、専ら運用を指せり。其《そ》の実《じつ》は太極《たいきょく》の呼吸《こきゅう》にして、只だ是《こ》れ一誠《せい》のみ。之を気原《きげん》と謂う。即ち是れ理なり。（第十九条）

一般に名前は形あるものに付けるものであって、形がないものにつけるはずはない。だから、理《り》というものは本来形がないものであるから、名称がないはずであるが、すでに理という名があり、理を気《き》と言って差支《さしつか》えない。専《もっぱ》ら本体を指《さ》す場合には、形があって、之を理と言い、運用の側から言う場合には、之を気と言って、「浩然《こうぜん》の気」というように使われている。それは宇宙の根源である太極《たいきょく》が万物《ばんぶつ》を造り、天地を構成したのであって、これは一つの誠《まこと》であり、この誠の運用が気であり、誠の本体が理であると言える。即ち誠を気の根源といい、これもまた理である。

〈参考〉

＊「事の上には必ず理《り》と勢《せい》との二つあるべし。歴史の上にては能《よ》く見分《みわ》つべけれ共、現事《げんじ》にかかりては、甚《はなは》だ見分《みわ》けがたし。理勢《りせい》は是非《ぜひ》離れざるものなれば、能々《よくよく》心を用うべし。譬《たと》えば賊《ぞく》ありて討《う》つべき罪あるは、其《その》理なればなり。規模術略《きぼじゅつりゃく》吾胸中《わがきょうちゅう》に定まりて、是を発するとき、千仭《せんじん》に坐《ざ》して円石《えんせき》を転ずるが如《ごと》きは、其勢《せい》というべし。事に関《か》かるものは、理勢を知らずんばあるべからず。只《ただ》勢のみを知りて事を為《な》すものは必ず術に陥るべし。又理のみを以て為すものは、事にゆきあたりて迫《つま》るべし。いずれ『理《り》ニ当《あた》リテ後進《のちすす》ミ、勢ヲ審《つまびらか》ニシテ後動《のちうご》ク』ものにあらずんば、理勢を知るものと云うべからず」（『南洲翁遺訓』）

公平であること

物我《ぶつが》一体《たい》なるは、即《すなわ》ち是《こ》れ仁《じん》なり。我《わ》れ、公情《こうじょう》を執《と》りて以《もっ》て公事《こうじ》を行《おこな》えば、天下《てんか》服《ふく》せざる無《な》し。治乱《ちらん》の機《き》は公《こう》と不公《ふこう》とに在《あ》り。周子曰《しゅうしいわ》く「己《おの》れに公なる者《もの》は、人《ひと》に公なり」と。伊川又公理《いせんまたこうり》を以て仁字《じんじ》を釈《と》き、余姚《よきよう》も亦博愛《またはくあい》を更《あらた》めて公愛《こうあい》と為《な》せり。幷《あわ》せ攷《かんが》う可《べ》し。（第二十二条）

他物と自分が一体であると見ることは、取りもなおさず、これは仁《じん》である。自分が万人に共通な公平な人情に基づいて、公《こう》の事を行うならば、天下の人々でこれに服しない人はいない。天下がよく治まるか、乱れるかは、公平か不公平かにかかっていると言ってよい。

周濂渓《しゅうれんけい》は「自分に公平な人は他人に対しても公平である」と言い、程伊川《ていいせん》も公平に行われる普遍的な真理は仁《じん》であると説き、王陽明《おうようめい》もまた博く愛する心を、公平に愛する心であると言っている。これらを併《あわ》せ考えると、公事《こうじ》に処する心得が分かるというものである。

○解説

一斎は、公平か不公平かによって、仁人か、そうでないかが分かると言っていますが、『遺訓』では、自分を愛するか、どうかで決まると言っています。自分を愛することは生物としての本能ですが、愛する自分は、肉体としての自分なのか、道に生きることを目指す人間としての自分なのか、どちらなのか、その選び方が大切となります。

南洲は「己れを愛するは善からぬことの第一也」「己れに克つに、事々物々時に臨みて克つ様にては克ち得られぬなり。兼て気象を以て克ち居れよと也」と訓《おし》えています。

〈参考〉

＊「廟堂《びょうどう》に立ちて大政を為《な》すは天道《てんどう》を行うものなれば、些《ち》とも私《わたくし》を挟《はさ》みては済《す》まぬもの也《なり》。いかにも心を公平に操《と》り、正道《せいどう》を踏《ふ》み、広く賢人《けんじん》を選挙し、能《よ》く其《その》職に任《た》うる人を挙《あ》げて政柄《せいへい》を執《と》らしむるは、即ち天意《てんい》也。（後略）」（『南洲翁遺訓』）

＊「政《まつりごと》の大体は、文を興し、武を振い、農を励ますの三つに在り。其《その》他百般《ひやっぱん》の事務《じむ》は皆《みな》此《こ》の三つの物を助《たす》くるの具《ぐ》也。此の三つの物の中に於て、時に従い勢に因《よ》り、施行先後《しこうせんご》の順序は有《あ》れど、此の三つの物を後《あと》にして他を先《さき》にするは更《さら》に無《な》し」（『南洲翁遺訓』）

妄想を去り、心の本体を守る

周子《しゅうし》の主静《しゅせい》とは、心《こころ》の本体《ほんたい》を守《まも》るを謂《い》う。図説《ずせつ》の自註《じちゅう》に、「無欲《むよく》なるが故《ゆえ》に静《せい》なり」と。程伯子《ていはくし》此《こ》れに因《よ》りて、天理《てんり》、人欲《じんよく》の説《せつ》有《あ》り。叔子《しゅくし》の持敬《じけい》の工夫《くふう》も亦此《またこ》こに在《あ》り。朱《しゅ》、陸以下《りくいか》、各《おのおの》力《ちから》を得《う》る処《ところ》有りと雖《いえど》も、而《しか》れども畢竟此《ひっきょうこ》の範囲《はんい》を出《い》でず。意《おも》わざりき、明儒《みんじゅ》に至《いた》り、朱陸党《しゅりくとう》を分《わか》ちて敵讐《てきしゅう》の如くならんとは。何《なに》を以《もっ》て然《しか》るか。今《いま》の学者《がくしゃ》、宜《よろ》しく平心《へいしん》を以て之《これ》を待《ま》ち、其《そ》の力《ちから》を得《う》る処《ところ》を取《と》るべくして可《か》なり。（第二十四条）

周濂渓《しゅうれんけい》の、静を主とするというのは、妄想を去り、心の本体を守るということである。周濂渓の哲学体系とも言える太極図説に自ら註《ちゅう》を付けて「欲がないために静かである」というのは、「心の本体をかき乱す欲望をなくしてその本性を守れば自《おのずか》ら静かであることが出来る」ということである。

程明道《ていめいどう》は、これに従って、人欲を去る時は、心即天理《しんそくてんり》であるとして、心これ理、理これ心という説を立てた。程伊川《ていいせん》の時敬《じけい》の説（これによって我が心の紛乱《ふんらん》は心に主とする所がないからで、心に主あるとは敬《けい》であり、この敬を持《じ》して主一無適《しゅいつむてき》なれば、自然に天理明らかなりとする）の工夫もここにある。

しかし明代になると、朱子派《しゅしは》と陸象山派《りくしょうざんは》等の学者が、おのおの独特の見解を示しはしたが、結局は周子《しゅうし》の説の範囲を出ない。

それなのに、明代《みんだい》になると朱子派と陸象山派とが党を立てて、仇敵《きゅうてき》の如く相争うに致ったのは一体何の為か。

今の学者は、虚心坦懐《きょしんたんかい》、公平に両者を見てそれぞれの長所を採れば良いのではないか。

○解説

一斎の考えも、〈参考〉に揚げた細井平洲の考えも、学者が党派を立てて争うのを批判していますが、吉田松陰が『講孟箚記』の最初に「聖人に阿《おもね》らず」と言ったこととも関連して、道を学ぶ者が、その訓を固定したものとして捉えず、無限に発展するものとして述べていることは、嬉しいことと思います。

発展せずに、固定化すれば衰退せざるを得ないことは、歴史が示すところです。永遠に存続・発展する道で人を育てていかなければなりません。

〈参考〉

＊「当世の学問といっても、それぞれ流儀があって決め難《がた》いので、朱学《しゅがく》・仁斎派《じんさいは》・徂徠派《そらいは》の中でどれが良いか、決めよとの仰せですが、師たるべき人は、本来の志や行いが正しく、偏見《へんけん》や固執《こしつ》することがなく（他派を攻撃するようなことがなく）、学問も多くの本を幅

広く読み、古今の治乱興亡《ちらんこうぼう》や人情事変《にんじょうじへん》にもよく通じ、ただ善く導くことが出来、『鼻水をたらしている子供でも、どうか善行善心《ぜんこうぜんしん》の立派な人になるように』と考える、実情のよく判《わか》った人が宜《よろ》しいと存じます」（細井平洲《ほそいへいしゅう》『嚶鳴館遺草《おうめいかんいそう》』より抜書き。南洲は、沖《おき》永良部島《のえらぶじま》で、この書六巻を全部書き写したと言われる）

引き受けたら徹底的に解決すべし

象山《しょうざん》の「宇宙内《うちゅうない》の事《こと》は、皆己《みなおの》れ分内《ぶんない》の事」とは、此《こ》れは男子担当《だんしたんとう》の志《こころざし》　是《か》くの如《ごと》きを謂《い》う。陳澔《ちんこう》此れを引《ひ》きて射義《しゃぎ》を註《ちゅう》す。極《きわ》めて是《ぜ》なり。

（第三十八条）

陸象山《りくしょうざん》は「宇宙内即《すなわ》ち天地間の事は皆自分の中の事」と言っているが、これは大丈夫たる者は、如何《いか》なる事でも、引受けたら徹底的に解決すべきであるという心意気を示したものである。
元《げん》の陳澔《ちんこう》は、この言葉を引用して、『礼記《らいき》』の「射義《しゃぎ》」に註釈をつけているが、極めて結構なことである。

○解説

前の第二十四条の解説、〈参考〉に述べたように、細井平洲は、道とは、各学派が相手（他派）を批判攻撃するのではなく、良い所を出し合って、より高いものを築いてゆくことである、と言っています。これは学派であろうと、宗教の宗派であろうと同じです。

〈参考〉

＊「学に志す者、規模を宏大《こうだい》にせずば有る可《べ》からず。さりとて唯此《ただこ》こにのみ偏倚《へんい》すれば、

或《あるい》は身を修するに疎《おろそか》に成り行くゆえ、終始《しゅうし》己《おの》れに克《か》ちて身《み》を修《しゅう》する也《なり》。規模を宏大にして己れに克ち、男子は人を容《い》れ、人に容れられては済まぬものと思えよと、古語《こご》を書いて授《さず》けらる。

其ノ志気《しき》ヲ恢宏《かいこう》スル者、人ノ患《うれい》ハ、自私自吝《じしじりん》、卑俗《ひぞく》ニ安ンジテ、古人《こじん》ヲ以《もっ》テ自ラ期《き》セザルヨリ大ナルハ莫《な》シ。

古人を期するの意を請問《せいもん》せしに、堯舜《ぎょうしゅん》を以て手本とし、孔夫子《こうふうし》を教師とせよとぞ」

（『南洲翁遺訓』）

『論語』等を講義する時の心得

論語《ろんご》を講《こう》ずるは、是《こ》れ慈父《じふ》の子《こ》を教《おし》うる意思《いし》。孟子《もうし》を講ずるは、是れ伯兄《はくけい》の季《き》を誨《おし》うる意思、大学《だいがく》を講ずるは、網《あみ》の綱《つな》に在《あ》るが如《ごと》く、中庸《ちゅうよう》

を講ずるは、雲《くも》の岫《しゅう》を出ずるが如し。（第四十四条）

『論語』を講義するのは、慈愛に満ちた父親が、子供を教える気持ち、『孟子』を講義するのは、兄が年下の弟を導き教える気持ち、『大学』を講義するのは、綱《あみ》を一本の綱《つな》で条理整然《じょうりせいぜん》と引きしめるような気持ち、『中庸』を講義するのは、雲が山のほら穴から自然に出てくるような気持ちでするのが宜しい。

○解説

先にも述べましたが、明治以降の学校教育が知識教育にかたよって、人間教育を粗にしたことが、現在の社会的混乱を招いているわけで、次の『南洲翁遺訓』を熟読すべきでしょう。

「何程制度方法を論ずるとも、其人《そのひと》に非ざれば行われ難し。人有りて後方法の行わるるものなれば、人は第一の宝にして、己れ其人に成るの心懸け肝要なり」

〈参考〉

＊「聖賢《せいけん》に成《な》らんと欲する志《こころざし》無く、古人の事跡《じせき》を見、迚《とて》も企《くわだ》て及ばぬと云う様《よう》なる心ならば、戦《たたかい》に臨《のぞ》みて逃《に》ぐるより猶卑怯《なおひきょう》なり。朱子《しゅし》も白刃《はくじん》を見て逃ぐる者はどうにもならぬと云われたり。誠意《せいい》を以て聖賢の書《しょ》を読み、其の処分《しょぶん》せられたる心を身に体《たい》し心に験《けん》する修行《しゅぎょう》致《いた》さず、唯个様《かよう》の言个様の事と云うのみを知りたりとも、何の詮無《せんな》きもの也。予《よ》今日人《こんにちひと》の論《ろん》を聞《き》くに、何程尤《もっと》もに論ず共、処分に心行《こころゆ》き渡《わた》らず、唯口舌《ただくぜつ》の上のみならば、少しも感《かん》ずる心之《こ》れ無し。真《まこと》に其の処分有る人を見れば、実《じつ》に感じ入《い》る也。聖賢の書を空《むな》しく読むのみならば、譬《たと》えば人の剣術を傍観《ぼうかん》するも同じにて、少しも自分に得心《とくしん》出来ず。自分に得心出来ずば、万一《まんいち》立《た》ち合えと申されし時逃《に》ぐるよりの外有る間敷也《まじきなり》」（『南洲翁遺訓』）

『易経』『詩経』『書経』とは

易《えき》は是《こ》れ性《せい》の字《じ》の註脚《ちゆうきやく》。詩《し》は是れ情《じよう》の字の註脚。書《しよ》は是れ心《しん》の字の註脚なり。（第四十五条）

『易経《えききよう》』は天より受けた人間の本性の性の字の註釈《ちゆうしやく》、『詩経《しきよう》』は「思い邪《よこしま》なし」という情緒《じようちよ》を詠《よ》んだもので、その情《じよう》の字の註釈、『書経《しよきよう》』は我々の心理を推究《すいきゆう》したものであるから、心の字の註釈と言えるだろう。

〈参考〉

＊前条の〈参考〉を参照。

虚心坦懐に聴く

独得《どくとく》の見《けん》は私《わたくし》に似《に》たり。人其《ひとそ》の驟《にわか》に至《いた》るを驚《おどろ》く。平凡《へいぼん》の議《ぎ》は公《おおやけ》に似《に》たり。世其《よそ》の狃《な》れ聞《き》くに安《やす》んず。凡《およ》そ人の言《げん》を聴《き》くには、宜《よろ》しく虚懐《きょかい》にして之《これ》を邀《むか》うべし。苟《いやし》くも狃れ聞くに安んずる勿《な》くば可《か》なり。（第五十五条）

独特の見識・見方というものは、個人の独りよがりの意見・偏見のように見えるものであり、今まで聞いたことのないものを突然聞くように驚いてしまう。これに反して、平凡な議論は公論のように受け取られ、世間の人々は聞きなれていて安心して接するものである。

そもそも人の言を聴く時には虚心坦懐《きょしんたんかい》に、心を空《むな》しくして、聴くべきであろう。かりにも、耳なれた話に安心して、真剣に聞かないようなことがあってはならない。

○解説
初めて聞くような意見、特異の主張に対しては、心を無にして何を言おうとしているのかを思い、そこに自分を衒《てら》う気持ちが見えなければ、虚心坦懐に、これを受け入れて検討すれば良いのです。
その結果によって、自分の接し方を定めたら良いでしょう。

〈参考〉
＊「己れを愛するは善《よ》からぬことの第一也。修業の出来ぬも、事の成らぬも、過《あやまち》を改むることの出来ぬも、功《こう》に伐《ほこ》り驕謾《きょうまん》の生《しょう》ずるも、皆自《みずか》ら愛するが為なれば、決して己れを愛

せぬもの也」（『南洲翁遺訓』）

納得出来るまで考え、実践の根拠を探す

心理《しんり》は是《こ》れ竪《たて》の工夫《くふう》、博覧《はくらん》は是れ横《よこ》の工夫、竪の工夫は則《すなわ》ち深入自得《しんにゅうじとく》し、横の工夫は則ち浅易汎濫《せんいはんらん》す。（第六十三条）

心の中で納得出来るまで考え、実践《じっせん》の根拠を探すのが竪《たて》の工夫。外の書籍等により内容を知り、知識を増やすのが横《よこ》の工夫、竪の工夫は心に刻まれて、自分のものになるが、横の工夫は、理解が浅く、本当の自分のものとはならず、こぼれ出てしまうものである。

○解説

この条は、我々の学が、人間（徳性）を育てるためにあるか、知識を増やすためにあるか、の自覚を説いているものと思います。

新しい本（意見）に接する時、自分がどのような心構えでこれに接しようとしているか、その心構えによって、自分の成長（人物の完成・真の幸福）への階段は変わってしまいます。

単に知識を増やす、欲望を満足させるというのではなく、人としての使命を考え、それを果たすためのものであってほしいと思います。


〈参考〉

＊「事《こと》に当《あた》り思慮《しりよ》の乏《とぼ》しきを憂《うれ》うること勿《なか》れ。凡《およそ》思慮は平生黙坐静思《へいぜいもくざせいし》の際に於てすべし。有時《ゆうじ》の時に至り、十に八九は履行《りこう》せらるるものなり。事に当り率爾《そつじ》に思慮することは、譬《たと》えば臥床夢寐《がしようむび》の中、奇策妙案《きさくみようあん》を得るが如きも、明朝《みようちよう》起床の時に至れば、無用の妄想に

類《るい》すること多し」（『南洲翁遺訓』）

自分の心で読む

経《けい》を読《よ》むには、宜《よろ》しく我《わ》れの心《こころ》を以《もつ》て、経の心を読み、経の心を以て我《すなわ》れの心を釈《と》くべし。然《しか》らずして、徒爾《とじ》に訓詁《くんこ》を講明《こうめい》するのみならば、便《すなわ》ち是《こ》れ終《しゅうしんかつ》身曽て読まざるがごとし。（第七十六条）

経書を読む時は、自分の心で経書の心を読み、経《けい》の心で自分の心を解読するようにするのが良い。そうでなくて、いたずらに経書の字面《じづら》に拘泥《こうでい》して、その解釈に意を用いるだけだったならば、その真意《しんい》を理解《りかい》することは出来ず、所謂《いわゆる》「論語《ろんご》読《よ》みの論語知《し》らず」に終わってしまうであろう。

○解説

どんな学び方をするかということは、どんな生き方をするかということ、幸福をどう築いてゆくかということです。本当の幸せを掴《つか》むためには、どう学ぶかということから始まるのです。その努力をせずに幸せを求めるのは、虫が良いということなのです。

〈参考〉

＊「東洋人物学における第一のテーマは、その失われたる自己をいかに取戻すかということ、本当の自己・真我《しんが》・本性《ほんせい》すなわち自分の本性というものを再び発見する、把握するということである」（安岡正篤）

＊「順境に居《い》ても安んじ、逆境に居ても安んじ、常に坦蕩々《たんとうとう》として苦しめる処なし。これを真楽というなり。万《よろず》の苦を離れて、この真楽を得るを学問の目あてとす」（中江藤樹《なかえとうじゅ》）

人は大地から生まれたすぐれた気である

人《ひと》は地気《ちき》の精英《せいえい》たり。地に生《うま》れて地に死《し》し、畢竟《ひっきょう》地を離《はな》るること能《あた》わず。宜《よろ》しく地の体《たい》の何物《なにもの》たるかを察《さつ》すべし。朱子《しゅし》謂《い》う、「地卻《かえ》って是《こ》れ空闕《くうけつ》の処有《ところあ》り。天《てん》の気貫《きつらぬ》きて地中《ちちゅう》に在《あ》り。卻って虚《きょ》にして以て天《てん》の気を受《う》くる有《あ》り」と。理或《りあるい》は然《しか》らん。余《よ》が作《つく》る所《ところ》の地体《ちたい》の図《ず》、知らず、能《よ》く彷彿《ほうふつ》を得《え》しや否《いな》やを。（第七十七条）

人は大地から生まれたすぐれた気である。大地に生まれ、大地に死し、生涯《しょうがい》を大地の上で過ごす。だから大地の本体が何であるかを知ることが出来る。朱子《しゅし》は「地には欠《か》けた所があり、天の気がその欠けた所を貫いて、天の気が通じている。我々は、その天地の気を受けているのだ」と言っているが、理屈、解釈はそうかもしれない。自分が作った地体図は、果して朱子の考えに似ているものであろうか。

○解説

東洋には、人は天から精神（心）をいただき、地から身体をいただいているという思想があり、それが基礎になって、いろいろな考え方が生まれていますが、具体的に証明され、実験されたものはないと思います。

しかし、天地万物によって生かされていることは事実であるし、それに感謝し、報恩の気持ちを持つことは、不合理なことではありません。我々が、その生き方に生き甲斐を認めるのであれば、そのような考え方を尊重することは、決して間違いではないでしょう。それによって、自分の生き方に勇気が与えられるのです。

〈参考〉

＊「人は須《すべか》らく自ら省察《せいさつ》すべし。『天何の故にか我が身を生出《うみいだ》し、我れをして果《はた》して何の用にか供せしむる。我れ既に天《てん》の物《もの》なれば、必ず天《てん》の役《やく》あり。天の役共《きよう》せずんば、天の咎《とが》必ず至《いた》らむ』。省察して此《ここ》に到れば則ち我が身の苟《いやし》くも生《い》く可《べ》からざるを知らむ」（言志録第十条）

準備の大切さ

満《まん》を引《ひ》いて度《ど》に中《あた》れば、発《はつ》して空箭《くうぜん》無《な》し。人事《じんじ》宜《よろ》しく射《しゃ》の如《ごと》く然《しか》るべ

し。**（第八十七条）**

弓を引く時に、十分に引きしぼって的《まと》に当てれば、決して無駄になる矢《や》はない。人間の仕事についていても、この弓を射る時のように、十分に準備して当たれば、失敗することはない。

○解説

東洋には「治《ち》に居て乱を忘れず」という処生訓があります。人生の戒めの教訓として知られ、過《あやまち》をくり返さないための重要な訓となっています。二〇一一年三月十一日の東日本大震災の津波被害に対しても、度々使われている訓ですが、将来の津波対策に有効な検討改善策がとられることを念じてやみません。

〈参考〉

＊「身を修し己れを正して、君子《くんし》の体《たい》を具《そな》うる共、処分《しょぶん》の出来ぬ人ならば、木偶人《もくぐうじん》も同然なり。譬《たと》えば数十人の客不意《きゃくふい》に入り来《きた》んに、仮令《たとえ》何程饗応《きょうおう》したく思う共《とも》、兼て器具調度の備《そなえ》無ければ、唯心配《ただしんぱい》するのみにて、取賄《とりまかな》う可《べ》き様有間敷《ようあるまじき》ぞ。常に備あれば、幾人なり共、数に応じて賄《まかな》わるる也。夫《そ》れ故平日《ゆえへいじつ》の用意は肝腎《かんじん》ぞとて、古語《こご》を書いて賜りき。
文《ぶん》ハ鉛槧《えんざん》ニ非《あらざ》ル也《なり》。必ズ事ニ処スルノ才有《さいあ》リ。武ハ剣楯《けんじゅん》ニ非《あらざ》ル也。必ズ敵《てき》ヲ料《はか》ルノ智《ち》有リ。才智《さいち》ノ在《あ》ル所《ところ》一焉而已《いつのみ》」（『南洲翁遺訓』）

すぐれた気象があって良い仕事が出来る

前人《ぜんじん》謂《い》う、「英気《えいき》は事《こと》に害《がい》あり」と。余《よ》は則《すなわ》ち謂《い》う、「英気は無《な》かる可《べ》からず」と。但《た》だ圭角《けいかく》を露《あら》わすを不可《ふか》と為《な》す。（第九十二条）

前の学者（おそらく程子）は「すぐれた気象は、やりすぎる傾向があるから、ことを為すに害がある」と言っているが、私は「すぐれた気象が無ければ、良い仕事は出来ない。唯、我説に固執する鋭《するど》さをむき出しにするのはよくない」と言っているのである。

○解説

一斎先生の主張のように、引っ込み思案では、物事《ものごと》、特に異常の変事に対しては、役に立ちません。失敗をおそれない、即応の英気が求められるのです。ただ、その実施に当たっては人の和が大切であり、その点を充分に考慮して、体制をつくり、事を進めなければなりません。

その点については、当初、官にありながら、太平天国の乱に対して敢然として立ち、十五年の長きにわたって、衆を率いて戦陣に立ち、遂に鎮定にみちびいた曽国藩の信念と人徳、反省、自責に学ぶ所が多い。ぜひ一読を乞いたいと思います。

〈参考〉

＊第六十三条の〈参考〉を参照。

心の学問の在り方

刀槊《とうさく》の技《ぎ》、怯心《きょうしん》を懐《いだ》く者《もの》は衄《じく》し、勇気《ゆうき》を頼《たの》む者は敗《やぶ》る。必《かなら》ずや勇怯《ゆうきょう》を一静《せい》に泯《ほろぼ》し、勝負《しょうぶ》を一動《どう》に忘《わす》れ、之《これ》を動《うご》かすに天《てん》を以《もっ》てして、廓然《かくぜん》として太公《たいこう》なり。之を静《しずか》にするに地《ち》を以てして、物来《ものきた》れば順応《じゅんのう》す。是《か》くの如《ごと》き者は勝《か》つ。心学《しんがく》も亦此《またこ》れに外《ほか》ならず。（第九十三条）

剣術や槍術の試合をする場合、臆病《おくびょう》な心を持った者は敗れ、また勇気だけに頼る者も敗れる。その臆病や勇気を、静《せい》の状態の中に沈めて、勝負を一瞬の中に定めようとする気も忘れて、自然の動きのままに、からっとした公明正大な気持ちと、大地の静寂不動《せいじゃくふどう》の立場に立って、変《へん》に応《おう》じて動《うご》けば、勝つものである。心の学問もこれに外ならないのである。

◯解説

この文を読むと、一斎先生も立派な武者としての姿が浮かぶほど、心構えと信念が窺えますが、剣聖《けんせい》として、その無敗の剣術はもとより絵画・彫刻等に到るまで、頂点に近づいた宮本武蔵の「独行道十九箇条」を紹介しておきます。

心ある人にとっては、有意義な資料になるでしょう。

〈参考〉

＊「知《ち》と能《のう》とは天然固有《てんねんこゆう》のものなれば、『無知《むち》ノ知ハ、慮《おもんばか》ラズシテ知リ、無能《むのう》ノ能ハ、学《まな》バズシテ能《よ》クス』と、是何物《これなにもの》ぞや、其惟《それただ》心の所為にあらずや。心明なれば知又明なる処《ところ》に発《はっ》すべし」（『南洲翁遺訓』）

＊「『独行道十九箇条』

一、世々《よよ》の道に背《そむ》くことなし。

二、よろず依怙《えこ》の心なし。

三、身《み》に楽《らく》をたくまず。

四、一生の間欲心《よくしん》なし。

五、我事《わがこと》に於《おい》て後悔《こうかい》せず。

六、善悪につき他を妬《ねた》まず。

七、何《いずれ》の道《みち》にも別《わか》れを悲しまず。

八、自他《じた》ともに恨《うら》みかこつの心なし。
九、恋慕《れんぼ》の思いなし。
十、物事に数寄《すき》好《この》みなし。
十一、居宅《きよたく》に望みなし。
十二、身《み》一つに美食《びしよく》を好《この》まず。
十三、我身《わがみ》にとりて物を忌《い》むことなし。
十四、旧《ふる》き道具《どうぐ》を所持せず。
十五、兵具《へいぐ》は格別、余《よ》の道具を嗜《たしな》まず。
十六、道に当《あた》りて死を厭《いと》わず。
十七、老後財宝所領《ざいほうしよりよう》に心なし。
十八、神仏《しんぶつ》を尊《とうと》み、神仏を頼《たの》まず。
十九、心常《つね》に兵法《へいほう》の道を離れず」（宮本武蔵）

無我の境地、物欲の念のないこと

我《わ》れ無《な》ければ則《すなわ》ち其《そ》の身《み》を獲《え》ず。則ち是《こ》れ義《ぎ》なり。物無《ものな》ければ則ち其の人《ひと》を見《み》ず、則ち是れ勇《ゆう》なり。（第九十八条）

人は無我の境地にある時は、その身を忘れ、唯、正義感があるだけである。また、人に物欲の念がなければ、数量とか内容とかに捉《とら》われずに、勇気が存するだけである。

○解説

私達の日常の言行の判断は、義か利かということに尽きます。義をとる時には、利を乗りこえる勇気が必要です。

小さい時から、その判断に当たって義をとることの習性をつけるのは、親の責任ですが、それがどのくらい行われているのでしょうか。

敗戦以来、親の自信喪失と、誤った自由観念が横行して、利を採《と》ることに対する廉恥《れんち》感が失われてしまいました。日本が世界から信頼され尊敬されるためには、この習性の復活以外にはないと思います。親の実践による指導以外にはありません。日本の誇りある真の独立のためには、親の「一隅を照らす」実践から出発すべきであると思うのです。


〈参考〉
＊「勇は必ず養《やしな》う処あるべし。孟子云わずや、浩然の気を養うと。此気養わずんばあるべからず」（『南洲翁遺訓』）

無我の状態

「自《みずか》ら反《かえ》りみて縮《なお》ければ」とは、我れ無《な》きなり。「千万人《せんばんにん》と雖《いえど》も吾往《われゆ》かん」とは、物無《ものな》きなり。（第九十九条）

「自ら反《かえ》りみて縮《なお》ければ」とは、無我の境地にある時である。「千万人と雖も吾往かん」とは、その時には数量の事は念を離れ、無我の（威武も富貴も貧賤も念頭にない）状態にあることである。

○解説

作略を用いてうまく行くと、自分の能力と考えて、何にでも用いたくなるものですが、他から見ていると、その姿はよく分かり、信用はなくなってしまいます。それは一生ついてまわり、誠意をもってやったことでも、作略と見られるようになります。

そのような生き方に、堪《た》えられるかどうか。これは自分で考え、決定する問題です。

〈参考〉

＊「事《こと》大小と無く、正道を踏《ふ》み至誠《しせい》を推し、一事の詐謀《さぼう》を用《もち》う可からず。人多くは事の指《さし》支《つか》うる時に臨《のぞ》み、作略《さりやく》を用いて一旦《いったん》其の指支《しじ》を通せば、跡は時宜次第《じぎしだい》工夫の出来る様に思え共、作略の煩《わずら》い屹度《きっと》生じ、事必ず敗るるものぞ。正道を以て之を行えば、目前には迂遠《うえん》なる様なれ共、先《さ》きに行けば成功は早きもの也」（『南洲翁遺訓』）

和の大切さ

三軍和《ぐんわ》せずんば、以《もっ》て戦《たたかい》を言《い》い難《がた》し。百官和《かんわ》せずんば、以て治《ち》を言い難《がた》し。書《しょ》に云《い》う。「寅《つつしみ》を同《おな》じゅうし、恭《うやうや》しきを協《かな》えて、和衷《わちゅう》せん哉《かな》」と。唯《た》だ和の一字《じ》、治乱《ちらん》を一串《かん》す。(第百二十三条)

全軍が和合していなければ、戦争のことなど問題にならない。役人全部が和合していなければ、良い政治など口に出せるものではない。

『書経』に「同僚がお互いに心を協《あわ》せ、互いに敬しあって、衷心から誠をもち接し合おうではないか」とある。『和』の一字が、国が平和な時も乱れている時も、最も大切なことである。

○解説

戦争にしても、行政にしても、やり方や、考え方がバラバラでは、統一した行動が採れるはずがありません。最高の指揮官が部下に尊敬、信頼されて初めて、一致した動きになるのです。そこに、契約をこえた組織体の力が生れるのです。

〈参考〉

＊「世人の唱《とな》うる機会とは、多くは僥倖《ぎょうこう》の仕当《しあ》てたるを言う。真の機会は、理を尽して行い、勢を審《つまびら》かにして動くと云うに在り。平日国天下《へいじつくにてんか》を憂うる誠心厚からずして、只《ただ》時のはずみに乗じて成し得たる事業は、決して永続せぬものぞ」（『南洲翁遺訓』）

大臣は公明正大でなければならない

相位《しょうい》に居《お》る者《もの》は、最《もつと》も宣《よろ》しく明通公溥《めいつうこうふ》なるべし。明通ならざれば則《すなわ》ち偏狭《へんきょう》なり。公溥《こうふ》ならざれば則ち執拗《しつよう》なり。（第百二十六条）

大臣の地位にある者は、天下の事情に明るく通じ、事を処する時、公明正大でなければならない。よく下情に通じていなければ、公正でなくなり、公正でなければ、我意にこだわることになる。

○解説

ギボンの『ローマ帝国衰亡史』には、次のようなことが書かれています。

「かつて文明の中心世界であったアテネ人は、だんだんわがままになり、いい気になって、自由を欲する以上に保証を欲するようになった。彼らは、いやが上にも快適な生活を欲して、あげくの果てに、その一切を失った。

保証も、快適も、自由も……。

アテネ人が自ら社会に寄与することを欲せずして、しかも自ら、その社会から寄与されんことを欲し、そして彼らが最も欲した自由が自己の責任よりの自由であった時、ついにアテネは自由を失い、再び自由を得られなくなってしまった」

日本の現状、政治の方向はどちらを向いているのでしょうか。

〈参考〉

＊「万民《ばんみん》の上に位《くらい》する者、己れを慎《つつし》み、品行《ひんこう》を正しくし、驕奢《きょうしゃ》を戒《いまし》め、節倹を勉《つと》め、職事《しょくじ》に勤労して人民の標準となり、下民《かみん》其の勤労を気の毒に思う様ならでは、政令は行われ

難し。然るに草創《そうそう》の始《はじめ》に立ちながら、家屋を飾《かざ》り、衣服を文《かざ》り、美妾《しょう》を抱《かか》え、蓄財を謀《はか》りなば、維新の功業は遂げられ間敷《まじき》也。今と成りては、戊辰《ぼしん》の義戦も偏《ひと》えに私を営《いとな》みたる姿に成り行き、天下に対し戦死者に対して面目無きぞとて、頻《しき》りに涙を催《もよお》されける」

(『南洲翁遺訓』)

最上の果断とは

果断《かだん》は義《ぎ》より来《きた》る者《もの》有《あ》り。智《ち》より来る者あり。勇《ゆう》より来る者有り。義と智とを幷《あわ》せて来る者有り。上《じょう》なり。徒勇《とゆう》のみなるは殆《あやう》し。（第百五十九章）

物事を思い切りよく決行するには、正義感から判断することもあり、智恵から来ることもあり、勇《ゆう》から来ることもある。また、正義感と智恵の両方から来ることもあるが、これが最上の果断であり、ただ勇気だけでの判断は危険である。

○解説

実行に踏み出す時の決心は、収拾に対する大体の目算が立っていなければ、途中で投げ出すことになります。それは日頃の思索・経験によって得られるものです。

ある会社の社長になった人が、安岡先生の所へ挨拶《あいさつ》に行って、「社長の心構え」を伺った時、「辞《や》める時の事を考えておきなさい」と言われ、其の時は不審に思ったが、無事に社長職を卒業した時、そのお陰であることを知った、と言われていたということです。

〈参考〉

＊「知と能とは天然《てんねん》固有《こゆう》のものなれば、『無知《むち》ノ知ハ、慮《おもんばか》ラズシテ知リ、無能《むのう》ノ能《のう》ハ、学バズシテ能クス』と、是何物ぞや、其惟心《ただこころ》の所為にあらずや。心明《めい》なれば知又明なる処に発すべし」（『南洲翁遺訓』）

政治家にとっての人情と事理

公私《こうし》は、事《こと》に在《あ》り、又情《またじょう》に在り。事公《おおやけ》にして情私《わたくし》なる者《もの》之《こ》れ有《あ》り。事私にして情公なる者も之《こ》れ有《あ》り。政《まつりごと》を為《な》す者、宜《よろ》しく人情事理軽重《にんじょうじりけいちょう》の処《ところ》を権衡《けんこう》して、以《もっ》て其《そ》の中《ちゅう》を民《たみ》に用《もち》うべし。（第百六十二条）

公私《こうし》の判断は、事柄にもあり、人情の上にもある。事柄は公であるが、私情の伴うものもあり、人情は私にあるが、公情で処理しなければならないものもある。政治に携わる者は、よく人情と事理とを秤《はかり》にかけて、その軽重《けいちょう》を考え、皆が納得《なっとく》する中程《なかほど》の所を国民に施すべきである。

○解説

公私の判断をする時、自分（私）に都合良いように判断していないか、冷静に判断することが必要です。南洲翁は、「己を愛するは善からぬことの第一なり」と言っておられますが、日頃から修練していなければ、自分に都合の良いように判断しがちです。

「難易の二道があれば、難道を採る」のも、その修練になるでしょう。

〈参考〉

＊第五十五条の〈参考〉を参照。

＊「人を相手にせず、天を相手にせよ。天を相手にして、己れを尽し人を咎《とが》めず、我が誠《まこと》の足らざるを尋ぬべし」（『南洲翁遺訓』）

慎独の工夫と応酬の工夫

慎独《しんどく》の工夫《くふう》は、当《まさ》に身《み》の稠人広坐《ちゅうじんこうざ》の中《うち》に在《あ》るが如《ごと》きと一般《いっぱん》なるべく、応酬《おうしゅう》の工夫は、当に間居独処《かんきょどくしょ》の如きと一般なるべし。（第百七十二条）

独りを慎む工夫は、自分が人込みの広い座敷の中にいるのと同じ気持ちでおればよい。また人との応対の工夫は、独り閑《かん》にいる時と同じ気持ちでおれば良い。

○解説

結局、「独りを慎しむ」ことが出来るかどうか、が基盤になります。「富貴も淫《いん》する能《あた》わず。貧賤《ひんせん》も移す能わず。威武《いぶ》も屈する能わず。此《こ》れを之《こ》れ大丈夫と謂《い》う」と『孟子』が説いていますが、最近の世情を見ると、これに「恩愛も乱《みだ》す能わず」を入れる必要があるように思います。これは現代だけでなく、歴史上でも言えることでしょう。

〈参考〉

＊「至誠《しせい》の域《いき》は、先ず慎独《しんどく》より手を下《くだ》すべし。間居《かんきょ》即《すなわち》慎独の場所なり。小人は此処《ここ》万悪《ばんあく》の淵藪《えんそう》なれば、放肆柔惰《ほうしじゅうだ》の念慮《ねんりょ》起さざるを慎独とは云うなり。是《これ》善悪の分るる処なり、心を用うべし。古人云う、『静《せい》ヲ主《しゅ》トシ、人極《じんきょく》ヲ立ツ』、是其《その》至誠の地位なり、慎《つつし》まざるべけんや、人極《じんきょく》を立《た》てざるべけんや」（『南洲翁遺訓』）

本心を失った状態とは

心《こころ》は現在《げんざい》なるを要《よう》す。事未《ことい ま》だ来《きた》らざるに、邀《むか》う可《べ》からず。事已《すで》に往《ゆ》けるに、追《お》う可からず。纔《わずか》に追《お》い纔に邀うとも、便《すなわ》ち是《こ》れ放心《ほうしん》なり。（第百七十五条）

日常の生活の中で、人はいつも現在を考え対応しなければならない。事柄がまだ来ないのに、対応することは出来ないし、また過ぎ去ったことを追って捕《つか ま》えることも出来ない。少しでも過去を追ったり、来てないものを迎えたりするということは、共に自分の本心を失っている状態である。

○**解説**

『臨済録』には「随所に主となれば立つ処、皆真なり」とあり、昔から、随所に主となって、責任ある生き方をすることが説かれていますが、自分の関係していないことに対しても責任を考えるという立場の大きさ、深さを、次の皇后陛下の御歌から痛感させられたことを思い出します。

皇后陛下　御歌

（アフガニスタン仏像破壊）

知らずして　われも撃《う》ちしか　春闌《た》くる

バーミアンの野に　み仏《ほとけ》在《ま》さず

〈参考〉

＊「至人の心を用《もち》うるは、鏡《かがみ》の如し。将《おく》らず、逆《むか》えず、応《おう》じて蔵《おさ》めず」（『荘子』）

＊「即今只今《そっこんただいま》」（円覚寺前管長・足立大進）

予期しない事柄は天意である

物《もの》、其《そ》の好《この》む所に集まるは、人《ひと》なり。事《こと》、期《き》せざる所《ところ》に赴《おもむ》くは、天《てん》なり。（第百八十九条）

物が、人の好む処に集まるのは人の欲望による人為的なことで、事が、人が予期しない所に起こるのは、人がどうすることも出来ない天意によるものである。

○解説

自分が予想・予期しない時に遭遇する問題については、良かったとか、困ったとか考えずに、「天は自分に問題を与《あた》えられている、試練を与えられている」と受け取って、全力であたる習性を作ることが大切です。

歴史を見ると、先人はそのことを教えてくれています。

「憂《う》きことの　なお此の上に積《つ》もれかし
　限りある身の力試《ため》さん」（熊沢蕃山）

〈参考〉

＊「変事俄《にわか》に到来《とうらい》し、動揺《どうよう》せず、従容其変《しょうようそのへん》に応ずるものは、事の起らざる今日に定まらずんばあるべからず。変起らば、只《ただ》それに応ずるのみなり。古人曰く、『大丈夫胸中灑々《しゃしゃ》落々《らくらく》、光風霽月《こうふうせいげつ》の如く、其の自然に任ず。何ぞ一毫《いちごう》の動心《どうしん》有《あ》らんや』と、是れ即ち標的《ひょうてき》

なり、此《かく》の如き体のもの、何ぞ動揺すべきあらんや」（『南洲翁遺訓』）

人が貴ぶ人柄とは

人《ひと》は厚重《こうじゅう》を貴《たっと》びて、遅重《ちじゅう》を貴ばず。真率《しんそつ》を尚《たっと》びて、軽率《けいそつ》を尚ばず。（第二百四十六条）

人は温厚で人柄が重々しいのを貴《たっと》ぶが、鈍《にぶ》くて行動がのろのろしているのを喜ばない。さっぱりしていて飾り気のないのを尚《たっと》ぶが、軽々しいのは尚ばない。

〈参考〉

＊「曾子《そうし》曰《いわ》く、士《し》は以《もっ》て弘毅《こうき》ならざるべからず。任重《にんおも》くして道遠《みちとお》し。仁《じん》以て己《おの》が任《にん》と為《な》す。亦《また》重からずや。死《し》して後已《のちや》む。亦遠《またとお》からずや」（『論語』）

地に従い、天に事える

凡《およ》そ生物《せいぶつ》は皆養《みなやしない》に資《と》る。天生《てんしょう》じて地之《ちこ》れを養《やしな》う。人《ひと》は則《すなわ》ち地気《ちき》の精英《せいえい》なり。吾《わ》れ静坐《せいざ》して以《もっ》て気《き》を養い動行《どうこう》して以て体《たい》を養い、気体相資《きたいあいし》し、以て此《こ》の生《せい》を養なわんと欲《ほっ》す。地に従《したが》いて天《てん》に事《つか》うる所以《ゆえん》なり。（第二百七十五条）

凡《およ》そ地球上の生物で、その生命を維持する為の「養」に頼らないものはない。天がそれら生物を作って地が養《やしな》っているのである。人はその地上の生物の最も高級なもので、地気の優等生と言えるものである。このように万物の霊長と言われる人間の私は、天から受けた気を静坐によって養い、身体を動かすことによって体力を養い、心身相資《たす》けてこの生命を養おうとしている。これは、万物を養う地に従って生き、万物を生《しょう》じた天に事《つか》える所以である。

〈参考〉

＊「道は天地自然の物にして、人は之《これ》を行うものなれば、天を敬《けい》するを目的とす。天は人も我も同一に愛し給うゆえ、我を愛する心を以て人を愛する也」（『南洲翁遺訓』）

第四章

言志耋録

志を立てて学問を始める

凡《およ》そ学《がく》を為《な》すの初《はじめ》は、必《かなら》ず大人《たいじん》たらんと欲《ほっ》するの志《こころざし》を立《た》てて、然《しか》る後《のち》に、書《しょ》は読《よ》む可《べ》きなり、然らずして、徒《いたず》らに聞見《ぶんけん》を貪《むさぼ》るのみならば、則《すなわ》ち或《あるい》は恐《おそ》る、傲《おごり》を長《ちょう》じ非《ひ》を飾《かざ》らんことを。謂《い》わゆる「寇《こう》に兵《へい》を仮《か》し、盗《とう》に糧《かて》を資《し》するなり」。虞《うれ》う可《べ》し。（第十四条）

そもそも学問を始めるには、必ず立派な人物になろうという志を立て、その後に書物を読むべきである。そうではなくて、徒《いたず》らに自分の見識を広めるというだけならば、傲慢《ごうまん》な人間になったり、自分の悪事をごまかすために使ったりする虞《おそ》れがある。それは敵に武器を貸し、盗人に食物を与えるのと同様であって、実に世の中を悪くするのと変わりはない。

○解説

学は身を修め、天下国家を治めるためにするということは、太古より言いつくし、書きつくして来られたことですが、他の目的に悪用されたことも数多くあります。だから、文頭にあるように、志を立ててから、学に進むのが正しく、そうすれば、世間に悪影響を及ぼすことにはなりません。教える人も学ぶ者も、先ずこれを頭に入れておくことが大切であると思います。

〈参考〉

＊「一、人をあざむくために学問すべからず
一、人と争《あらそ》うために学問すべからず
一、人を謗《そし》るために学問すべからず

一、人を馬鹿にするために学問すべからず
一、人の邪魔をするために学問すべからず
一、人に自慢するために学問すべからず
一、名を売るために学問すべからず
一、利を貪《むさぼ》るために学問すべからず」（「自警」足代弘訓 国学者・歌人）

真の自分をもって仮の自分に克つ

真《しん》の己《おの》れを以《もっ》て仮《かり》の己れに克《か》つは、天理《てんり》なり。身《み》の我《わ》れを以て心《こころ》の我れを害《がい》するは、人欲《じんよく》なり。（第四十条）

自分には、真《しん》の自分と仮《かり》の自分というものがあって、真の自分（道を求める）をもって仮の自分（欲望に動かされる）に克《か》つのは天の道理であるが、これに反《はん》して、仮の自分をもって真の自分を傷つけるのは、人間の欲望によるものである。

○解説

人欲は、自己保存のため創造主（神）から与えられた本能であって、本来、悪いものとは言えませんが、長年の人類の歴史を通じて、却《かえ》って人類の害になることもあるということで、「倫理」が考え出されました。人類への害を少なくしようとしたものでしょう。自分個人ではなく、人類の平和・発展・繁栄を考えて出来た「礼節」（きまり）です。

自分個人の自由のためにそれを守らなければ、秩序が乱れ、人類の平和・幸福が壊れてしまいます。そこに、人間自体の抑制が、美徳として求められるのです。「礼節」は、与えられたものとしてではなく、自らの責任として実践しなければならないのです。

〈参考〉

＊「何程《なにほど》制度方法を論《ろん》ずる共《とも》、其人《ひと》に非ざれば行《おこな》われ難し。人有りて後《のち》方法の行わるるものなれば、人は第一の宝にして、己《おの》れ其人に成るの心懸《こころが》け肝要なり」（『南洲翁遺訓』）

＊「己れを愛するは善《よ》からぬことの第一也。修業の出来ぬも、事の成らぬも、過《あやまち》を改むることの出来ぬも、功《こう》に伐《ほこ》り驕謾《きょうまん》の生ずるも、皆自ら愛するが為なれば、決して己れを愛せぬもの也」（『南洲翁遺訓』）

天地の気象

一息《そく》の間断無《かんだんな》く、一刻《こく》の急忙無《きゅうぼうな》し。即《すなわ》ち是《こ》れ天地《てんち》の気象《きしょう》なり。（第四十

四条）

生きている自然の気象の変化を見ると、一瞬の休むこともなく、いつ見ても突然あわただしく動くこともない。これが、天地の気象である。

○解説

天は一人一人に他人にはないすぐれた能力を与えてくれています。自分の特徴を見つけたら、そのことに感謝し、大切にして、自分の生き方で一生を過ごそうではありませんか。自分よりすぐれた点を持っている人があったらそれを喜び、自分よりおくれている人があったら、気持ちよく手を貸して、みんな一緒に明るい世の中をつくっていきましょう。誠と思いやりで、心の通う世界を築いていきましょう。

〈参考〉

＊「道は天地自然の道なるゆえ、講学《こうがく》の道は敬天愛人《けいてんあいじん》を目的とし、身《み》を修《しゅう》するに克己《こっき》を以て終始《しゅうし》せよ。己《おの》れに克《か》つの極功《きょくこう》は『意《い》毋《な》し、必《ひつ》毋し、固《こ》毋し、我《が》毋し』と云えり。総じて人は己れに克つを以て成り、自ら愛するを以て敗《やぶ》るるぞ。能《よ》く古今の人物を見よ。事業を創起《そうき》する人其事大抵《たいてい》十に七八迄は能く成し得れ共、残り二つを終る迄成し得る人の希《ま》れなるは、始《はじめ》は能く己れを慎《つつし》み事をも敬《けい》する故、功も立ち名も顕《あらわ》るるなり。功立ち名顕るるに随《したが》い、いつしか自ら愛する心起り、恐懼戒慎《きょうくかいしん》の意弛《ゆる》み、驕矜《きょうきょう》の気漸く長じ、其成し得たる事業を負《たの》み、苟《いやしく》も我が事を仕遂《しと》げんとてまずき仕事に陥《おち》いり、終《つい》に敗るるものにて、皆自ら招く也。故に己れに克ちて、睹《み》ず聞かざる所に戒慎するもの也」（『南洲翁遺訓』）

心とは

心無《こころな》きに心有《あ》るは、工夫《くふう》是《こ》れなり。心有るに心無きは本体《ほんたい》是れなり。

（第五十五条）

心というものは、形はないように思われるが、考えたり、悩んだりすると有るように思われる。これが心の活動である。また、心が有るように思われるが、これは働きはあっても、実体がないのが心の本体である。

○解説

吉田松陰は、安政六年十月二十七日、評定所で死罪の判決を言い渡された時、

吾れ今、国の為に死す
死して君親に負《そむ》かず
悠々たり　天地の事
鑑照《かんしょう》　明神に在り

の辞句を朗々と吟じ、

身はたとひ　武蔵《むさし》の野辺《のべ》に　朽ちぬとも　留め置かまし　大和魂《やまとだましい》

の辞世を残して処刑をされました。
また、十月二十日、父達に送った永訣《えいけつ》の手紙に

親思《おや》ふこころにまさる　親ごころ　けふの音《おと》づれ何ときくらん

の和歌を残しています。

天は人それぞれに他人よりすぐれた特能を与えてくれています。それを知ったならば、それに感謝して、他人の特能にひがまず、自分の特能で世の中に役に立っていく。

弘法大師は、
「古人の跡を求めず　古人の求めたるところを求めよ」
と訓《おし》え、芭蕉はこの言葉で弟子達を導いたと言います。

人がそれぞれに特性を持っている世界に感謝しながら、世の中に明るく貢献出来ることに喜びを味わいましょう。

〈参考〉

＊「右士規七則、約して三端《さんたん》と為《な》す。曰く、『志を立てて以て万事の源と為す。交を択《えら》びて以て仁義の行を輔《たす》く。書を読みて以て聖賢の訓《おしえ》を稽《かんが》う』と。士苟《しまこと》にここに得ることあらば、亦以て成人《せいじん》と為すべし」（吉田松陰『士規七則』後文）

道心と人心の違い

知《し》らずして知る者《もの》は、道心《どうしん》なり。知って知らざる者は人心《じんしん》なり。（第五十六条）

何も教えられないでも、自然に人として生き方を知っているのは道心であり、知っているようで、実際よく分かっているようで、その実うわべだけで真相を見届けられないのが、人心である。

〈参考〉

＊「今の人、才識有れば事業は心次第に成《な》さるるものと思え共、才に任《まか》せて為《な》す事は、危《あやう》くして見て居られぬものぞ。体有りてこそ用《よう》は行《おこな》わるるなり。肥後《ひご》の長岡《ながおか》先生の如《ごと》き君子は、今は似たる人をも見ることならぬ様《よう》になりたりとて嘆息《たんそく》なされ、古語《こご》を書いて授けらる。

夫《そ》レ天下《てんか》誠《まこと》ニ非《あら》ザレバ動《うご》カズ。才《さい》ニ非ザレバ治《おさ》マラズ。誠ノ至ルハ其《そ》ノ動《うご》クヤ速《はや》シ。才ノ周《あまね》キ者ハ其ノ治《おさ》ムルヤ広《ひろ》シ。才ト誠ト合シ、然《シカ》ル後、事ヲ成ス可《べ》シ」（『南洲翁遺訓』）

太陽の明るさが分かるのは自分自身にある

「心静《こころしずか》にして方《まさ》に能《よ》く白日《はくじつ》を知《し》り、眼明《まなこあきらか》にして始《はじ》めて青天《せいてん》を識《し》るを会《え》す」とは、此《こ》れ程伯氏《ていはくし》の句《く》なり。青天白日は、常《つね》に我《われ》に在《あ》り。宜《よろ》しく之《こ》れを坐右《ざゆう》に掲《かか》げ以《もつ》て警戒《けいかい》と為《な》すべし。（第五十七条）

「心が静かな時に、輝く太陽の明るさ、有難さを知り、眼が明らかな時に、澄《す》みきった大空のすがすがしさを知る」とは、程明道《ていめいどう》の句である。この句のように、太陽の明るさ、大空の素晴らしさが分《わ》かるのは、常に自分自身にあるのであって、自分の外にあるのではない。これを坐右《ざゆう》に掲《かか》げて、戒《いましめ》の言葉とするが良い。

○解説

自分の心の持ち方で、世間の姿が変わることは、誰でも経験することです。下村澄氏は、「陽転の発想」として、「何でも明るく見る癖をつけること」を提唱されていました。新井正明氏（元関西師友協会会長）は「物事を明るく明るくと見る人は、運命からも愛されて、明るく幸せな将来を築くだろう」と言っておられます。

〈参考〉

＊「誠はふかく厚からざれば、自ら支障も出来るべし、如何《いか》にぞ慈悲《じひ》を以《もっ》て失《しっ》を取ることあるべき、決して無き筈《はず》なり。いずれ誠《まこと》の受用《じゆよう》においては、見ざる所において戒慎《かいしん》し、聞かざる所において恐懼《きょうく》する所より手を下すべし。次第《しだい》に其功《そのこう》も積みて、至誠《しせい》の地位《ちい》に至るべきなり。是を名づけて君子と云う。是非《ぜひ》天地を証拠《しょうこ》にいたすべし。是を以て事物《じぶつ》

に向えば隠《かく》すものなかるべきなり。司馬温公曰《しばおんこういわ》く『我胸中人に向うて云われざるものなし』と、この処《こ》に至っては、天地を証拠といたすどころにてはこれなく、即ち天地と同体たるものなり、障礙《しょうがい》する慈悲は姑息にあらずや。嗚呼大丈夫姑息に陥《おちい》るべけんや、何ぞ分別を待たんや。事の軽重難易を能く知らば、かたおちする気づかい更にあるべからず」（『南洲翁遺訓』）

誠はすべての根源である

人心《じんしん》の霊《れい》なるは太陽《たいよう》の如《ごと》く然《しか》り。但《た》だ克伐怨欲《こくばつえんよく》、雲霧《うんむ》のごとく四塞《そく》すれば、此《こ》の霊烏《いず》くにか在《あ》る。故《ゆえ》に誠意《せいい》の工夫《くふう》は、雲霧を掃《はら》いて白日《はくじつ》を仰《あお》ぐより先《せん》なるは莫《な》し。凡《およ》そ学《がく》を為《な》すの要《よう》は、此れよりして基《もとい》を起《おこ》す。故に曰《い》わく「誠《まこと》は物《もの》の終始《しゅうし》なり」と。（第六十六条）

人の心の素晴らしさは、太陽が照《て》り輝いているのに似ている。ただ、人に克《か》つこと、自ら功をほこること、うらみ、貪欲《どんよく》の四悪徳が心の中に起こると、雲や霧が出てきて四方を防《ふせ》ぎ太陽が見えなくなるように、その素晴らしさがどこにあるか分からなくなってしまう。だから誠意をもって霊の向上につとめ、この雲霧を吹き払って、照り輝く太陽、すなわち心の霊光を仰ぎ見ることが何よりも必要である。凡そ学を為すの要点は、その基礎を築き上げることである。だから『中庸』でも、一切は誠に始まり、誠に終わる。誠はすべての根元である、と教えている。

○解説

前掲の第五十七条を更に具体的に述べられているものです。

克（人に克つことを好む）、伐（自ら功をほこる）、怨（忿根《ふんこん》）、欲（貪欲）の四悪徳が心中に起こると、雲や霧が起こって四方をふさぎ太陽が見えなくなるように、この心霊が何処にあるか分からなくなってしまう。だから、物事を明るく見る癖をつけ、この雲霧を払いのける癖《くせ》をつけて、心の霊光を常に仰ぎ見ることが何より先決であるというのです。

〈参考〉

＊「至誠の域は、先ず慎独《しんどく》より手を下すべし。間居《かんきよ》即《すなわち》慎独の場所なり。小人は此処《ここ》万悪《ばんあく》の淵藪《えんそう》なれば、放肆《ほうし》柔惰《じゅうだ》の念慮《ねんりょ》起さざるを慎独とは云うなり。是《これ》善悪の分《わか》るる処なり。心を用うべし。古人云う、『静《せい》ヲ主《しゅ》トシ、人極《じんきょく》ヲ立《た》ツ』。是《これ》其至誠の地位《ちい》なり、慎《つつし》まざるべけんや、人極《じんきょく》を立てざるべけんや」（『南洲翁遺訓』）

終始誠意をもって修養に努める

霊光《れいこう》の体《たい》に充《み》つる時《とき》、細大《さいだい》の事物《じぶつ》、遺落無《いらくな》く、遅疑《ちぎ》無し。（第六十七条）

終始誠意をもって修養に努めていると、良心の光が身体中に満《み》ちわたり、天地間の大小すべての事物を遺《のこ》し落とすことなく、また遅《おく》れたり疑ったりすることなく処理されるものである。

○解説

この条も前六十六条を受けて更に述べてあるものです。

白日を仰ぐためには、克伐怨欲の雲霧を掃い除《のぞ》けなければならないと言いましたが、その払い除くということを、「霊光が身体を充つる時」、すなわち、終始誠意をもって修養に努めていると、良心の光が身体中に満ちわたり、すべての事物を遺《のこ》し落とすことなく、また、遅れたり、疑《うたぐ》ったりすることなく処理出来るとしています。霊光を身体につめること、誠ですべてに対することが求められているのです。

〈参考〉

＊第五十七条の〈参考〉の『南洲翁遺訓』を参照。

胸中が快ければ困難を処理できる

胸次清快《きょうじせいかい》なれば、則《すなわ》ち人事《じんじ》の百艱《かん》も亦阻《またそ》せず。（第七十六条）

胸の中がすがすがしく快《こころよ》いならば、世の中のすべての困難を行き詰まることなく処理して行ける。

○解説

前条第六十七条の「霊光の体に充《み》つる時」を、この条では「胸次清快なれば」と、自分の心の状態で言っています。そしてそれは、誠ですべてに対することだと、誰にも分かる言葉で述べてあります。どんな心の状態、どんな環境の中でも、誠で対すること（胸の中がすがすがしく快《こころよ》い、天地に恥じない状態）と述べてあるのです。

これなら私にも出来ると思えないでしょうか。

〈参考〉

＊「若し英雄《えいゆう》を誤《あやま》らん事を懼《おそ》れ、古人《こじん》の語を取り是を証す。

譎詐方無《きつさぼうな》ク。術略横出《じゆつりやくおうしゆつ》ス。智者《ちしや》ノ能《のう》也。詭詐ヲ去リテ、之ヲ示スニ大義《たいぎ》ヲ以テシ、術略《じゆつりやく》ヲ置《お》イテ之ニ臨《のぞ》ムニ正兵《せいへい》ヲ以テス。此レ英雄《えいゆう》ノ事、而ウシテ智者《ちしや》ノ為《な》ス能《あた》ワザル所《ところ》ナリ。

英雄の事業の此《かく》の如し。豈《あ》に奇妙不思議《きみようふしぎ》のものならんや。学んで而して至らざるべけんや」(『南洲翁遺訓』)

気を先導させれば、すべての挙動に失敗はない

人心《じんしん》の霊《れい》なるは気《き》を主《しゅ》とす。「気は体《たい》の充《み》てるなり」。凡《およ》そ事《こと》を為《な》すに気を以《もつ》て先導《せんどう》と為さば、則《すなわ》ち挙体失措無《きよたいしつそな》し。技能工芸《ぎのうこうげい》も亦皆是《またみなか》くの如《ごと》し。(第七十七条)

人の心の不可思議な働きは、心の働きの始めであるところの「気」を主とするものである。『孟子』にあるように「気は身体に充満しているものである」。だから何か事を為《な》すのに、この気を先導させれば、すべての挙動に失敗はない。これは技能や工芸についても言えることである。

◯解説

目標を定めて学を志すと、立派な人物になろうとする気が身体に充満して、すべての挙動に失敗はなく、これは技能や工芸についても言えるとありますが、志だけが大きくなって、主体である自分の身を修めることがゆるがせになることがあるので、これは、いつどのような場合にも気をつけて、忘れてはならない、一番大切なことです。

志と気と修身は、一貫すべきであることを言っているのです。

〈参考〉

＊「学に志す者、規模を宏大にせずば有る可《べ》からず。さりとて唯此《ただこ》こにのみ偏倚《へんい》すれば、或《あるい》は身を修するに疎《おろそか》に成り行くゆえ、終始己れに克《か》ちて身を修する也《なり》。規模を宏大にして己れに克ち、男子は人を容れ、人に容れられては済まぬものと思えよと、古語を書いて授けらる。

其《そ》ノ志気《しき》ヲ恢宏《かいこう》スル者《もの》、人《ひと》ノ患《うれい》ハ、自私自吝《じしじりん》、卑俗《ひぞく》ニ安《やす》ンジテ、古人《こじん》ヲ以《もっ》テ自《みずか》ラ期《き》セザルヨリ大《だい》ナルハ莫《な》シ。

古人を期するの意を請問せしに、堯舜《ぎょうしゅん》を以て手本とし、孔夫子《こうふうし》を教師とせよとぞ」

（『南洲翁遺訓』）

＊「己に克つに、事々物々時に臨みて克つ様にては克ち得られぬなり。兼《かね》て気象を以て克ち居れよと也」（『南洲翁遺訓』）

霊光にさえぎるものがなければ、気が身体中を流れる

霊光《れいこう》に、障碍《しょうがい》無《な》くば、則《すなわ》ち気《き》乃《すなわ》ち流動《りゅうどう》して餒《う》えず、四体《たい》軽《かろ》きを覚《おぼ》えん。

（第七十八条）

心の本体である霊光に何もさえぎるものがなければ、気が身体の中を流動して衰《おとろ》えることはなく、両手両足も軽く動くような感じである。

○解説

六十六条、六十七条、七十六条、七十七条と霊の不思議な働きを述べてきましたが、その霊光の働きをさえぎるものがなければ、目的に向かう力である気

が身体中に充満し、流動して休むことがない、そうすると身体が軽くなったように感じられるというのです。自分の目指す目標に向かって、思うように動くということであり、一番楽しい、幸せな生活が出来るようになるのです。

〈参考〉

＊「平日道を踏《ふ》まざる人は、事に臨《のぞ》みて狼狽《ろうばい》し、処分《しょぶん》の出来ぬもの也《なり》。譬《たと》えば近隣に出火有らんに、平生《へいぜい》処分有る者は動揺《どうよう》せずして、取仕末《とりしまつ》も能く出来るなり。平日処分無き者は、唯狼狽して、中々取仕末どころには之無きぞ。夫《そ》れも同じにて、平生道を踏み居る者に非ざれば、事に臨みて策は出来ぬもの也。予《よ》先年出陣の日、兵士に向い、我が備えの整不整《せいふせい》を、唯味方の目を以て見ず、敵の心に成りて一つ衝《つ》いて見よ。夫れは第一の備《そなえ》ぞと申せしとぞ」（『南洲翁遺訓』）

英気がない人間は平凡な人間

英気《えいき》は是《こ》れ天地《てんち》精英《せいえい》の気《き》なり。聖人《せいじん》は之《これ》を内《うち》に蘊《つつ》みて、肯《あ》えて諸《これ》を外《そと》に露《あら》わさず。賢者《けんしゃ》は則《すなわ》ち時時《じじ》之《こ》れを露わし、自余《じよ》の豪傑《ごうけつ》の士《し》は、全然《ぜんぜん》之れを露わす。若夫《もしそ》れ絶《た》えて此《こ》の気無《な》き者《もの》をば、鄙夫《ひふ》小人《しょうじん》と為《な》す。碌碌《ろくろく》として算《かぞ》うるに足《た》らざる者のみ。（第八十条）

すぐれた志気《しき》は、天地間のすぐれ英《ひい》でた気である。聖人はこの気を内に包んで、外にあらわすことはない。賢者は時々《ときどき》この英気を外に露《あらわ》わし、その他の豪傑の士に至っては、この気をすべて外に露わすものである。この英気が全然無い者を卑しい人間、つまらない人間、平凡で数《かぞ》うるに足らない人間と言うのである。

○解説

立派な人間になって、社会に貢献するためには、立派な目標（志）を立て、気をふるい起こして目標に向かうのですが、聖人と賢人と豪傑は、それぞれの立場によってその露《あら》わし方が違います。我々は、そのいずれに与《くみ》して進めば良いのでしょうか。堯・舜・孔子と、目標を大きくして、それに応じた気力を備え、発揮しなければなりません。低きに安んじてはならぬということですが、これは自分で決めることです。

〈参考〉

＊第七十七条の〈参考〉の「学に志す者～」（『南洲翁遺訓』）を参照。

忙しい時、苦しい時の心の持ち方

人《ひと》は須《すべか》らく忙裏《ぼうり》に間《かん》を占《し》め、苦中《くちゅう》に楽《らく》を存《そん》する工夫《くふう》を著《つ》くべし。（第百十三条）

人は忙しい中にも、静かな時のような心を持たなければならないし、また苦しい中にあっても、楽しみを保つ工夫を忘れてはならない。

◯解説

我々大事に当たろうとする者は、いかなる時でもゆるがない不動心を養っておかなければならないのですが、先人もそのことについて、それぞれ見事な戒辞を残しています。〈参考〉のところをご覧ください。

〈参考〉

＊「死中・活有り。苦中・楽有り。忙中・閑有り。壺《こ》中・天有り。意中・人有り。腹中・書有り」（安岡正篤『六中観』）

＊「大事難事に擔當《たんとう》を看《み》る。逆境順境に襟度《きんど》を看る。臨喜臨怒に涵養《かんよう》を看る。群行群止に識見を看る」（『呻吟語』）

終わりを考えて仕事に手をつけよ

凡《およ》そ人事《じんじ》を区処《くしょ》するには、当《まさ》に先《ま》ず其《そ》の結局の処《ところ》を慮《おもんぱか》って、而《しか》る後《のち》に手《て》を下《くだ》すべし。楫《かじ》無《な》きの舟《ふね》は行《や》ること勿《なか》れ。的《まと》無《な》きの箭《や》は発《はな》つこと勿れ。（第百十四条）

世間のすべての仕事に手をつける前には、まずその事の終わり・結末のことをよく考えて成案《せいあん》を得てから、手をつけるべきである。舵《かじ》のない船に乗ってはいけない。また、的のない矢を発してはいけない。

○解説

前に安岡先生に社長就任の心構えを尋ねた人へ、安岡先生が話された注意事項を紹介しましたが、この条は、その時の心構えを別の言葉で言っています。方針の確立していない経営、目的のはっきりしない行動はしてはならないということです。

〈参考〉

＊第七十八条の〈参考〉を参照。

大人になって物事の判断に迷わないために

朝《あさ》にして食《くら》わざれば、則《すなわ》ち昼《ひる》にして饑《う》え、少《しょう》にして学《まな》ばざれば、則ち壮《そう》にして惑《まど》う。饑うる者《もの》は猶《な》お忍《しの》ぶ可《べ》し。惑う者は奈何《いかん》ともす可からず。（第百四十条）

朝、食事をしなければ、昼には空腹を覚え、少年時代に学問をしていないと、壮年になってから物事の判断に迷うことになる。空腹はまだ辛抱《しんぼう》出来るけれども、一人前の大人になってから、事の判断に惑《まど》う者はどうにもならないものである。

○解説

〈参考〉に紹介します『言志晩録』の言葉は、有名で既にご承知と思いますが、この言葉の適切なのに感嘆していないで、自ら実践しなければなりません。「論語読みの論語知らず」という言葉も、昔から伝わっています。

〈参考〉

＊「少にして学べば壮にして為すあり
　壮にして学べば老いて衰えず
　老いて学べば死して朽ちず」（『言志晩録』）

＊「道に志す者は、偉業を貴ばぬもの也。司馬温公《しばおんこう》は閨中《けいちゅう》にて語りし言も、人に対して言うべからざる事無しと申されたり。独《ひとり》を慎むの学推《お》して知る可し。人の意表に出で一時の快適《かいてき》を好むは、未熟《みじゅく》の事なり。戒《いまし》む可し」（『南洲翁遺訓』）

貧賤に安んじて道を行う

今日《こんにち》の貧賤《ひんせん》に、素行《そこう》する能《あた》わずんば、乃《すなわ》ち他日《たじつ》の富貴《ふうき》に必《かなら》ず驕泰《きょうたい》せん。今日の富貴に、素行する能わずんば、乃ち他日の患難《かんなん》に必ず狼狽《ろうばい》せん。

（第百四十一条）

現在の自分が貧賤の境遇にあって、その貧賤に安んじて道を行ってゆくことが出来ないならば、他日富貴になった時、道に反して必ずおごりたかぶるようになるであろう。また、今日の富貴の状態に安んじて道を行《おこな》っていくことが出来ないならば、他日心配事や困難な事に出遭った場合、処置が出来ず必ずあわてふためくであろう。

○解説

山鹿素行という偉大な先人も実在しましたし、「素行会」という歴史ある団体も存在しています。心有る人にとっては、心ひかれる名前ですが、訳文にあるような実践がなかなか出来ないことは、省みて良く理解出来ると思います。我々が、自分個人の将来ではなく、日本の将来において、信頼され、尊敬される道義国家を建設して、「万世太平」の理想世界を築こうとするのであれば、言葉の美しさに感心するのではなく、その道の実践者でなければならないと思います。

〈参考〉

＊「道を行うには尊卑貴賤の差別無し。摘《つま》んで言えば、堯舜《ぎょうしゅん》は天下に王として万機の政事を執り給え共、其の職とする所は教師也。孔夫子《こうふうし》は魯《ろ》国を始め、何方《いずかた》へも用いられず、

屢々《しばしば》困厄《こんやく》に逢い、匹夫《ひっぷ》にて世を終え給いしか共、三千の徒《と》皆道を行いし也」（『南洲翁遺訓』）

俗事を侮り、さげすんではいけない

雅事《がじ》は多《おお》く是《こ》れ虚《きょ》なり。之《こ》れを雅と謂《い》いて之れに耽《ふけ》ること勿《なか》れ。俗事《ぞくじ》は卻《かえ》って是れ実《じつ》なり。之れを俗《ぞく》と謂いて之れを忽《ゆるがせ》にすること勿れ。（第二百二条）

風流な事は大抵《たいてい》実生活に関係のないことであり、これを雅《みやびや》かな事であると思って没頭してはいけない。日常の俗事は実生活に必要なことであり、これを俗だと言って侮《あなど》り、さげすんではいけない。

○解説

我々の日常生活が正しくあるということは、一家が他に迷惑になることなく、和やかに生活しているということでしょう。物理的な面でも、最低の充足が整い、精神的な面でも、敬愛の情によって秩序が保たれていることであると思います。

雅事は、その生活を精神的に豊かにさせることから、昔から大切に維持されてきました。その雅事のために生活が乱れると、これは虚と言って、生活から離れてしまうわけで、雅事に専従する人は別として、一般の人にとっては、生活の必需条件とは言えません。それを司る人の考え方によって（人によって）、その価値は異なるわけです。

俗事と言って、日常生活を乱すことは、風流とは言えないと思います。

〈参考〉
＊第四十条の〈参考〉の「己を愛するは〜」（『南洲翁遺訓』）を参照。

遊び怠ける人を見て、余裕があると見てはいけない

遊惰《ゆうだ》を認《みと》めて以《もっ》て寛裕《かんゆう》と為《な》すこと勿《なか》れ。厳刻《げんこく》を認めて以て直諒《ちょくりょう》と為すこと勿れ。私欲《しよく》を認めて以て志願《しがん》と為すこと勿れ。（第二百十条）

遊び怠《なま》けているのを見て、心がひろく、余裕があると見てはいけない。厳《きび》しくむごいのを見て、真直《まっすぐ》でいつわりがないと思ってはいけない。利己的欲望を見て、自分もその志を立てて実現を望み計ると思ってはいけない。

○解説

前にも「似て非なるものを憎む」とありましたが、昔から似て非なるものが横行し、善人が非難されることが史実に残っています。

これは、はっきり識別される悪人よりも、世上を混乱させ、伝染してゆく恐れがあるので注意しなければなりません。

〈参考〉

＊「文明とは道の普《あまね》く行わるるを賛称《さんしょう》せる言にして、宮室の壮厳《そうごん》、衣服の美麗、外観の浮《ふ》華《か》を言うのに非ず。世人の唱うる所、何が文明やら、何が野蛮やら些《ち》とも分らぬぞ。予《よ》嘗《かつ》て或人と議論せしこと有り、西洋は野蛮じゃと云いしかば、否《い》な文明ぞと争う。否な野蛮じゃと畳《たた》みかけしに、何とて夫《そ》れ程に申すにやと推せしゆえ、実に文明ならば、未開の国に対しなば、慈愛を本とし、懇々《こんこん》説諭して開明に導く可きに、左《さ》は無くして未開曚昧《もうまい》の国に対する程むごく残忍の事を致し己れを利するは野蛮じゃと申せしかば、其人

口《くち》を莟《つぼ》めて言無かりきとて笑われける」（『南洲翁遺訓』）

人生を明るくするには

毀誉得喪《きよとくそう》は、真《しん》に是《こ》れ人生《じんせい》の雲霧《うんむ》なり。人《ひと》をして昏迷《こんめい》せしむ。此《こ》の雲霧を一掃すれば、則《すなわ》ち天青《てんあお》く日白《ひしろ》し。（第二百十六条）

不名誉なこと、名誉なこと、成功すること、失敗することは、人生にとって雲や霧がかかるようなもので、人の心を暗くし迷わしめるものである。この心の雲霧である毀誉得喪《きよとくそう》を一掃することが出来れば、天が青く日が白く輝くように、人生は誠に明るいものになるのである。

○**解説**

人間が感情の動物と言われるように、生きてゆくための働きのほかに、その働きに対する評価――それは精神的・物質的な面での他からの価値判断が出てくるものですが、それに動かされるということは、主体性がないということです。

先に勝海舟が維新後の地位について批判が出た時に、「批判は他人の主張、行蔵は我に存す」と言って動じなかった例を紹介しましたが、自分が正しいと思う生き方をしている限り、他からの批判は、山にかかる雲霧のようなもので、気にする必要はありません。「随所に主となれば立つ処、皆真なり」という仏語があります。そのような生き方をしたいものです。

〈参考〉

＊「自ら処すること超然《ちょうぜん》。人に処すること藹然《あいぜん》。有事斬然《ざんぜん》。無事澄然《ちょうぜん》。得意澹然《たんぜん》。失意泰《たい》

然《ぜん》」（明・崔後渠）

文と武は共に必要

歴代《れきだい》の帝王《ていおう》、唐《とう》、虞《ぐ》を除《のぞ》く外《ほか》、真《しん》の禅譲《ぜんじょう》無《な》し。商《しょう》、周以下《しゅういか》、秦《しん》、漢《かん》より今《いま》に至《いた》るまで、凡《およ》そ二十二史《し》、皆武《みなぶ》を以《もっ》て国《くに》を開《ひら》き、文《ぶん》を以て之《こ》れを治《おさ》む。因《よ》って知《し》る。武は猶《な》お質《しつ》のごとく、文は則《すなわ》ち其《そ》の毛彩《もうさい》にして、虎豹犬羊《こひょうけんよう》の分《わか》るる所以《ゆえん》なることを。今の文士《ぶんし》、其《そ》れ武事《ぶじ》を忘《わす》る可《べ》けんや。（第二百四十一条）

中国歴代の帝王の中で、堯帝と舜帝以外で真《しん》に在位中に帝位を譲《ゆず》った者はいない。商や周から秦・漢を経て今に至るまでおよそ二十二の王朝は、皆武力をもって国を開き、文を以て之を治めている。このような事情から、武は丁度身体のようなものであり、文はこの毛の色どりで、この二つから、虎とか、豹とか、犬とか、羊とかの認識が出来るわけで、共に必要なことを知ることが出来る。今の文学を勉《つと》める者は、武事を忘れてはならないのである。

○解説

中国の歴史を辿れば、本当に禅譲は堯・舜の二帝だけで、後《あと》はすべて武力を以て政権をとり、国を治めるには大体文を以て治めています。

『南洲翁遺訓』の「文明論」（第二百十条にある〈参考〉の『南洲翁遺訓』）はその通りで、太平洋戦争の開戦理由の一つもそこにありました。

形に捉《とら》われずに、その実践・心を見なければ、正しい評価は出てきません。

我々が、世界国家の一員として、これから新世界を築いてゆくわけですが、その際、右の観点を間違えてはならないと思います。

〈参考〉

＊「政《まつりごと》の大体は、文を興し、武を振い、農を励ますの三つに在り。其他百般の事務は、皆此の三つの物を助くるの具《ぐ》也。此の三つの物の中に於て、時に従い勢《いきおい》に因《よ》り、施行先《しこうせん》後《ご》の順序は有れど、此の三つの物を後《あと》にして他を先《さき》にすることは更に無し」（『南洲翁遺訓』）

＊第二百十条の〈参考〉の『南洲翁遺訓』も参照。

すべて情に帰着する

唐虞《とうぐ》の治《ち》、只《た》だ是《こ》れ情《じょう》の一字《いちじ》のみ。極《きわ》めて之《こ》れを言えば、万物一体《ばんぶついったい》も、情《じょう》の推《すい》に外《ほか》ならず。（第二百五十一条）

理想的と言われた堯帝と舜帝の政治は、結局は情の一字に帰着すると言えよう。これを極言すれば、宇宙万物は皆同じ生物であって、それを結びつけるものは、情を推し拡げたものに外ならない。

○解説

テレビ、ラジオ、新聞、雑誌等、我々の周りには情報が満ち溢れています。その中から正しいものを選ぶことが肝要です。売名や宣伝、目的のために、真実を離れて誇大捏造《ねつぞう》したものも少なくありません。

真実を選ぶ目・見識を備えなければ、だまされて目的を逸することになります。そのために真実の学問をしなければならないのです。

〈参考〉

＊「常備の兵数も、亦《また》会計の制限に由《よ》る、決して無限の虚勢を張る可からず。兵気を鼓舞《こぶ》して精兵を仕立てなば、兵数は寡《すくな》くとも、折衝禦侮《せっしょうぎょぶ》共に事欠く間敷《まじき》也」（『南洲翁遺訓』）

＊「廟堂《びょうどう》に立ちて大政を為すは天道を行うものなれば、些《ち》とも私を挟《はさ》みては済まぬもの也《なり》。いかにも心を公平に操《と》り、正道を踏み、広く賢人を選挙し、能く其職に任《た》うる人を挙げて政柄《せいへい》を執らしむるは、即ち天意也。（後略）」（『南洲翁遺訓』）

正しい道を進まず林や草むらに入ってしまう

遠方《えんぽう》に歩《ほ》を試《こころ》みる者《もの》、往往正路《おうおうせいろ》を舎《す》てて捷径《しょうけい》に趨《おもむ》き、或《あるい》は繆《あやま》りて林莽《りんもう》に入《い》る。嗤《わら》う可《べ》きなり。人事多《じんじおお》く此《こ》れに類《るい》す。特《とく》に之《こ》れを記《しる》す。（第二百六十六条）

遠方に歩いて行こうとする者は、時々正しい道を通らずに、早道（近路）を行こうとして或いは誤って林や草むらに入ることがある。まことに笑うべきことである。人生の事柄にしても之に類することが多い。ここに特にこれを記す所以《ゆえん》である。

○解説

「急がば回れ」の諺にもあるように、自らよく調べ準備もせずに、他人の無責任な言葉や、噂《うわさ》に頼って、迷路に入って、かえって時間を費したり、苦労したりすることがあるものです。確実な情報によらずに、結果を早く見ようとすると、こういうことになります。「正道」を踏んで、正しい結果を出す修練を積まねばなりません。特に上役、教職にある者は注意しなければならないことと思います。

〈参考〉

＊「事大小と無く、正道を踏《ふ》み至誠を推し、一事の詐謀《さぼう》を用う可からず。人多くは事の指《さし》支《つか》うる時に臨《のぞ》み、作略《さりやく》を用《もち》いて一旦《いったん》其の指支を通せば、跡《あと》は時宜《じぎ》次第工夫《くふう》の出来る様に思え共、作略の煩《わずら》い屹度《きっと》生《しょう》じ、事必ず敗るるものぞ。正道を以て之を行えば、目前には迂遠《うえん》なる様なれ共、先《さ》きに行けば成功は早きもの也」（『南洲翁遺訓』）

智仁勇の大切さ

智仁勇《ちじんゆう》は、人皆《ひとみな》謂《い》う、「大徳《たいとく》にして企《くわだ》て難《がた》し」と。然《しか》れども凡《およ》そ邑宰《ゆうさい》たる者は、固《もと》と親民《しんみん》の職《しょく》たり。其《そ》の奸慝《かんとく》を察《さっ》し、孤寡《こか》を矜《あわれ》み、強硬《きょうこう》を折《くじ》く。即《すなわ》ち是《こ》れ三徳《とく》の実事《じつじ》なり。宜《よろ》しく能《よ》く実迹《じっせき》に就《つ》きて以《もっ》て之《こ》れを試《こころ》むれば、可《か》なり。（第二百六十七条）

智仁勇について、多くの人は「皆大切な徳目であって、これを兼ね備えることは難しい」と言う。しかし一村を主宰する立場の者は民に親しむ職であり、隠れた悪事を調べ出す智、孤児ややもめを憐れむ仁、邪悪な者をくじく勇、これらが即ち三徳であり、実際に行われるべきことである。このように宜しく実際の事柄について試みてゆけば良いのである。

○解説

「智仁勇」と言えば、何か政治家が「牧民」の仕事をするのに必要な徳目というように思われていますが、一家を維持するためにも、家長の備えるべき徳目であることは当然です。

戦後、アメリカの日本弱体化の方針に基づいて、家族の崩壊が推進され、家庭秩序が乱れていますが、この「智仁勇」は、私達一家のためだけではなく、日本の世界再建における責務としても、是非復活確立しなければならない徳目です。

武力でも、財力でも、宗教でも解決できない世界の混乱・問題を解決して、真の世界平和を築くためには、人間の道義心による万世太平の世界でなければなりません。それを推進するのは、日本以外にはないことを確信して、まず日本に道義国家を建設しなければならないのですが、「智仁勇」はそのための不可欠の要点なのです。

〈参考〉

＊「節義廉恥《れんち》を失いて、国を維持するの道決して有らず、西洋各国同然なり。上に立つ者下に臨《のぞ》みて利を争い義を忘るる時は、下皆之に倣《なら》い、人心忽《たちま》ち財利に趨《はし》り、卑吝《ひりん》の情日々長じ、節義廉恥の志操《しそう》を失い、父子兄弟の間も銭財を争い、相《あ》い讐視《しゅうし》するに至る也。

此の如く成り行かば、何を以て国家を維持す可《べ》きぞ。徳川氏は将士の猛き心を殺《そ》ぎて世を治めしか共、今は昔時《せきじ》戦国の猛士より猶《なお》一層猛き心を振い起さずば、万国対峙《たいじ》は成る間敷《まじき》也。普仏《ふふつ》の戦、仏国三十万の兵三カ月糧食有りて降伏せしは、余り算盤《そろばん》に精《くわ》しき故なりとて笑われき」（『南洲翁遺訓』）

心や道理には老少はない

身《み》には老少有《ろうしょうあ》れども、而《しか》も心《こころ》には老少無《な》し。気《き》には老少有れども、而も理《り》には老少無し。須《すべか》らく能《よ》く老少無きの心を執《と》りて、以《もつ》て老少無きの理を体《たい》すべし。（第二百八十三条）

人間には年寄りと少年の別はあっても、心には老少はない。気（体の働き）

に老少があっても、道理には老少はない。是非とも、年寄りだの、若者だのということのない心をもって、老少のない道理を体得すべきである。

○解説

私は昔剣道を習っていたので、健康維持のため朝起きて洗面後に柔軟体操をやり、神仏を拝んだ後、ブラジルの福島県人会からいただいた重い鉄木《てつぼく》で造った木刀で、素振りを五十回行い、その後《のち》二十分程歩いています。

その柔軟体操は我流ですが、孟宗竹で作った足踏器で、足裏と踵《かかと》を踏む運動も取り入れています。その時、〈参考〉のところに紹介する「青春」の詩を声を出しながら踏むのです。相当痛いのですが、精神的に欠かせないようになっています。

この詩は、アメリカのサミュエル・ウルマン氏の作ですが、岡田義夫氏の素晴らしい和訳で、年齢を忘れさせる力を与えてくれます。
この『言志耋録』にあるように、「年を重ねただけで人は老いない。理想を失う時に初めて老いがくる」という所にかかると、不思議に勇気が湧いてくるものです。私も既に九十二歳を越え、目・耳・脚の機能は衰えています。しかし、天命が尽きるまで、情熱を燃やし続けたいと思っています。

〈参考〉

＊「事の上には必ず理と勢との二つあるべし。歴史の上にては能く見分《わか》つべけれ共《ども》、現事《げんじ》にかかりては、甚《はなは》だ見分《みわ》けがたし。理勢は是非離れざるものなれば、能々《よくよく》心を用うべし。譬《たと》えば賊ありて討つべき罪あるは、其《その》理なればなり。規模《きぼ》術略吾胸中に定まりて、是を発するとき、千仞《せんじん》に坐して円石を転ずるが如きは、其勢というべし。事に関《か》かるものは、理勢を知らずんばあるべからず。只《ただ》勢のみを知りて事を為すものは必ず術に陥るべし。又理のみを以て為すものは、事にゆきあたりて迫《つま》るべし。いずれ『理ニ当リテ後進ミ、

勢ヲ審《つまびらか》ニシテ後動ク』ものにあらずんば、理勢を知るものと云うべからず」(『南洲翁遺訓』)

*『青春』

原作・サミュエル・ウルマン　邦訳・岡田義夫

青春とは人生の或る期間を言うのではなく、心の様相《ようそう》を言うのだ。

優《すぐ》れた創造力、逞《たくま》しき意志、炎《も》ゆる情熱、怯懦《きょうだ》を却《しりぞ》ける勇猛心、安易を振り捨てる冒険心、こういう様相を青春と言うのだ。

年を重《かさ》ねただけで人は老《お》いない。理想を失う時に初めて老いがくる。

歳月は皮膚のしわを増すが、情熱を失う時に精神はしぼむ。

苦悶《くもん》や、孤疑《こぎ》や、不安、恐怖、失望、こういうものこそあたかも長年月の如《ごと》く人を老いさせ、精気ある魂をも芥《あくた》に帰せしめてしまう。

年は七十であろうと十六であろうと、その胸中に抱《いだ》き得るものは何か。曰《いわ》く、驚異への愛慕心《あいぼしん》、空にきらめく星辰《せいしん》、その輝きにも似たる事物や思想に対する欽仰《きんぎょう》、事に処する剛毅《ごうき》な挑戦、小児の如く求めて止《や》まぬ探究心、人生への歓喜と興味。

人は信念と共に若く、疑惑と共に老ゆる。

人は自信と共に若く、恐怖と共に老ゆる。

希望ある限り若く、失望と共に老い朽《く》ちる。

大地より、神より、人より、美と喜悦《きえつ》、勇気と壮大、そして偉力の霊感を受ける限り、人の若さは失われない。

これらの霊感が絶え、悲歎《ひたん》の白雪《はくせつ》が人の心の奥までもおおいつくし、皮肉の厚氷《あつごおり》がこれを固くとざすに至れば、この時にこそ人は全くに老いて、神の憐《あわれ》みを乞《こ》う他はなくなる」

おわりに

福澤諭吉は、西郷南洲（隆盛）を維新の三傑の中でもひときわ秀でた大人物であると賞賛しています。また勝海舟は、横井小楠《しょうなん》と時勢を論じた時、自説を滔々《とうとう》と述べる小楠に圧倒され感服しますが、その後薩摩で南洲と面会した時には、聞き役に徹する南洲を前に自分一人がしゃべらされ、小楠とは次元の違う南洲の人間的大きさを実感したといいます。

南洲のこうした器量は、少年期に陽明学を学び参禅修行を積んだこと、郷中《ごじゅう》教育と称された薩摩藩独自の人間教育を受けたこと、下級武士の自分を引き立ててくれた島津斉彬《なりあきら》公からの感化などによって磨かれてきました。

さらに二度にわたる島流しによって自分を深く内省したことにより、一層大きな器量が養われたものと考えられます。

一度目は、次期将軍の人事を巡る争いに一橋慶喜《よしのぶ》を推した勤王派が敗れ、勤王の士として朝廷との橋渡し役を務めていた僧・月照《げっしょう》が幕府から追及を受けた時でした。月照の保護を藩に願い出て拒否された南洲は、ともに入水自殺を図りますが、南洲一人が奇跡的に蘇生《そせい》しました。そして幕府の目を逃れるため変名して奄美大島へ蟄居《ちっきょ》したのでした。この時の南洲の心中の苦しみは察するに余りあります。

二回目は、斉彬の急逝後、藩主となった島津久光の命で下関に先行した際、京の藩士たちの暴走を防ごうとして待機命令を破って上京したことから久光の逆鱗《げきりん》に触れ、徳之島、沖永良部島《おきのえらぶじま》に島流しに遭いました。

こうした逆境を乗り越えて磨き上げられてきた南洲の思想や信条は、『南洲翁遺訓』に加え、『西郷南洲手抄言志録』を通じて触れることができます。

南洲の選んだ言葉を通じて浮かび上がってくるのは、天に恥じない生き方を貫くために、学び続け、己を磨き続けた真摯《しんし》な姿です。


私は先の戦争の後、日本再建の志を抱いて立ち上げた日本健青会を通じて、安岡正篤先生のご指導を仰ぐ僥倖《ぎょうこう》に恵まれました。

安岡先生がいつも説いておられたことは、南洲や父からの訓戒同様「吾《われ》づくり」ということでした。

自分をつくるために学び、その自分を通じて身の回りの一隅を照らし、国家社会に少しでも恩返しをしていく。その願いをもとに私は今日まで歩んでまいりました。

ありがたいことに、齢《よわい》九十二になる今もなお、全国からお声がけいただいて、これまで学んできたことをお伝えしています。これからも求められる限り学びを分かち合い、一人でも多くの方に器量を磨き、一隅を照らす生き方に目覚めていただきたいと願っています。

私は、本書の解説と〈参考〉の中で出来るだけ南洲の精神を知っていただきたいと思い、重複を承知の上で、「抄条」に関係あると思われる『南洲翁遺訓』の条文を紹介しました。

先師・安岡正篤先生の基本著書と言われる『日本精神の研究』の中で、「政治の要諦」という重要課題に『南洲翁遺訓』の中から九カ条が選ばれ紹介されていますが、本書に引用出来なかった条文を、次に加筆して、読者の南洲理解に資することにしたいと思います。

二、賢人百官を総《す》べ、政権一途《いっと》に帰《き》し、一格《かく》の国体定制無ければ、縦令《たとい》人材を登用し言路を開き、衆説を容るる共、取捨方向無く、事業雑駁《ざっぱく》にして成功有るべからず。昨日出でし命令の、今日忽ち引き易《か》うると云様《いうよう》なるも、皆統轄《とうかつ》する所一ならずして、施政《しせい》の方針一定せざるの致す所也。

六、人材を採用するに、君子小人の弁酷《べんこく》に過ぐる時は却《かえっ》て害を引起すもの也。其故は開闢《かいびゃく》以来世上一般十に七八は小人なれば、能く小人の情を察し、其長所を取り之を小職に用い、其材芸を尽さしむる也。東湖先生申されしは「小人程才芸有りて用便なれば、用いざればならぬもの也。さりとて長官に居《す》え重職を授くれば、必ず邦家を覆すものゆえ、決して上には立てられぬものぞ」と也。

八、広く各国の制度を採り開明に進まんとならば、先ず我国の本体を居《す》え風教を張り然して後徐《しず》かに彼の長所を斟酌《しんしゃく》するものぞ。否《しか》らずして猥《みだ》りに彼れに倣《なら》いなば、国体は衰頽《すいたい》し、風教は萎靡《いび》して匡救《きようきゆう》す可からず、後に彼の制を受くるに至らんとす。

一七、正道を踏み国を以て斃るるの精神無くば、外国交際は全かる可からず。彼の強大に畏縮し、円滑を主として、曲げて彼の意に順従する時は、軽侮《けいぶ》を招き、好親却《かえつ》て破れ、終に彼の制を受くるに至らん。

なお、この本の出版にあたって、致知出版社の藤尾秀昭社長、柳澤まり子専務取締役編集部長、書籍編集部の番園雅子様に大変お世話になったことを記して、お礼の言葉にかえさせていただきます。

平成二十三年八月

渡邉　五郎三郎

【参考文献】

『言志四録（一～四）』川上正光（講談社学術文庫）
『言志四録味講』菅原兵治（黎明書房）
『人間学言志録』越川春樹（以文社）
『西郷南洲遺芳』南洲神社
『西郷南洲遺訓講話』頭山満・講話／雑賀鹿野・編（ぺりかん社）
『論語（上・下）』宇野哲人（明徳出版社）
『孟子』渡辺卓（明徳出版社）
『大学・中庸』星野太郎（明徳出版社）
『老子』山室三良（明徳出版社）
『荘子』阿部吉雄（明徳出版社）

『宋名臣言行録』諸橋轍次／原田種成（明徳出版社）
『貞観政要』原田種成（明徳出版社）
『菜根譚』今井宇三郎（明徳出版社）
『呻吟語』疋田啓祐（明徳出版社）
『禅と陽明学』安岡正篤（プレジデント社）
『日本精神の研究』安岡正篤（致知出版社）
『経世の書「呂氏春秋」を読む』安岡正篤（致知出版社）
『東洋人物学』安岡正篤（致知出版社）
『日本倫理彙編　巻之九（折衷学派の部）細井平洲』井上哲次郎／蟹江義丸・編
『細井平洲　将の人間学』渡邉五郎三郎（致知出版社）
『上に立つ者の人間学』渡邉五郎三郎（致知出版社）

著者略歴
渡邉五郎三郎（わたなべ・ごろうさぶろう）
大正８年福岡県生まれ。昭和11年旧制中学明善校を卒業し、南満工専技養・機械科卒業後、満鉄・鉄道技術研究所に入所する。26年参議院議員秘書、41年国務大臣行政管理庁長官秘書官、51年福島県知事政務秘書。平成２年から政策提言集団・福島新樹会代表幹事を務める。著書に『南洲翁遺訓の人間学』『上に立つ者の人間学』、監修に『佐藤一斎一日一言』（いずれも致知出版社刊）など多数。

「西郷南洲手抄言志録」を読む
人間的器量の磨き方

平成二十三年　九　月二十四日第一刷発行
平成二十六年十一月　二十　日第二刷発行

著　者　渡邉　五郎三郎
発行者　藤尾　秀昭
発行所　致知出版社
〒150-0001東京都渋谷区神宮前四の二十四の九
ＴＥＬ（〇三）三七九六―二一一一
印刷・製本　中央精版印刷
落丁・乱丁はお取替え致します。　（検印廃止）

ISBN978-4-88474-941-5 C0095
ホームページ http://www.chichi.co.jp
Eメール books@chichi.co.jp

安岡正篤シリーズ

いかに生くべきか―東洋倫理概論―
安岡正篤 著

若き日、壮んなる時、老いの日々。
それぞれの人生をいかに生きるべきかを追求。
安岡教学の骨格をなす一冊。

定価／税別 2,600円

日本精神の研究
安岡正篤 著

安岡正篤版『代表的日本人』ともいえる一冊。
本書は日本精神の神髄に触れ得た魂の記録と呼べる
安岡人物論の粋を集めた著作。

定価／税別 2,600円

王道の研究―東洋政治哲学―
安岡正篤 著

真の国士を養う一助にと、
東洋政治哲学を究明し、王道の原理を
明らかにした渾身の一書。

定価／税別 2,600円

人生、道を求め徳を愛する生き方―日本精神通義―
安岡正篤 著

かつて日本人が持っていた美質を取り戻すために、
神道や仏教などの日本精神の源流と
その真髄を学ぶ。

定価／税別 2,000円

経《けい》世《せい》瑣《さ》言《げん》総論
安岡正篤 著

人間形成についての思索がつまった本書には、
心読に値する言葉が溢れる。
安岡教学の不朽の名著。

定価／税別 2,300円

人物を修める―東洋思想十講―
安岡正篤 著

仏教、儒教、神道といった
東洋思想の深遠な哲学を見事なまでに再現。
安岡人間学の真髄がふんだんに盛り込まれた一冊。

定価／税別 1,500円

活学講座―学問は人間を変える―
安岡正篤 著

安岡師が若き同志に語った活学シリーズの第一弾。
現代の我々の心にダイレクトに響いてくる十講を収録。
第二弾『洗心講座』、第三弾『照心講座』も合わせて読みたい。

定価／税別 1,600円

青年の大成―青年は是《かく》の如《ごと》く―
安岡正篤 著

さまざまな人物像を豊富に引用して
具体的に論説。碩学・安岡師が
青年のために丁寧に綴る人生の大則。

定価／税別 1,200円

易と人生哲学
安岡正篤 著

『易経』を分かりやすく解説することで、
通俗的運命論を排し、自主的、積極的、創造的に
人生を生きるための指針を示す。

定価／税別 1,500円

安岡正篤一日一言
安岡正泰 監修

安岡師の膨大な著作の中から金言警句を
厳選。三六六のエッセンスは、生きる指針を
導き出す。安岡正篤入門の決定版。

定価／税別 1,143円